国家社科基金项目"海南黎语名词
（项

LIYU MINGCIXING DUANYU
XINGSHI JUFA YANJIU

黎语 名词性短语 形式句法研究

蔡激浪 ◎ 著

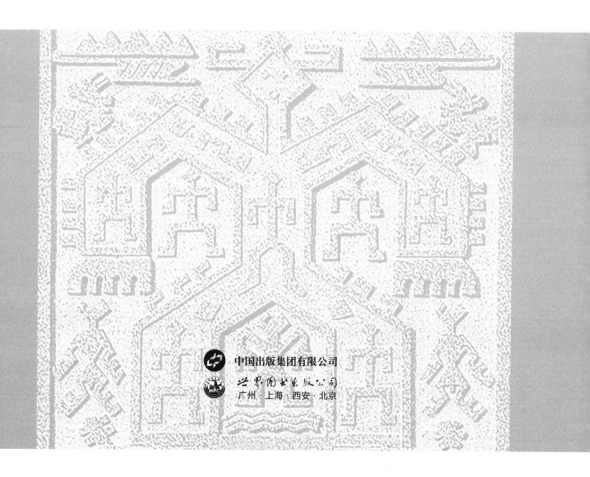

中国出版集团有限公司
世界图书出版公司
广州·上海·西安·北京

图书在版编目（CIP）数据

黎语名词性短语形式句法研究 / 蔡激浪著. -- 广州：世界
图书出版广东有限公司，2024. 12. -- ISBN 978-7-5232-1825-9

Ⅰ. H281

中国国家版本馆 CIP 数据核字第 2024U9H966 号

书　　名	黎语名词性短语形式句法研究	
	LIYU MINGCIXING DUANYU XINGSHI JUFA YANJIU	
著　　者	蔡激浪	
责任编辑	张东文	
出版发行	世界图书出版有限公司　世界图书出版广东有限公司	
地　　址	广州市海珠区新港西路大江冲 25 号	
邮　　编	510300	
电　　话	020-84184026　84453623	
网　　址	http://www.gdst.com.cn	
邮　　箱	wpc_gdst@163.com	
经　　销	新华书店	
印　　刷	广州市迪桦彩印有限公司	
开　　本	787 mm × 1092 mm　1/16	
印　　张	15	
字　　数	265 千字	
版　　次	2024 年 12 月第 1 版　2024 年 12 月第 1 次印刷	
国际书号	ISBN 978-7-5232-1825-9	
定　　价	58.00 元	

前　言

　　黎族是一个历史悠久的民族。据史料，黎族先人自周秦时期就已经生息繁衍在海南岛，是海南岛最早的居民和开拓者。黎族人使用黎语，黎语属于汉藏语系的壮侗语族黎语支。早在 19 世纪末黎语就得到一些学者的关注，并在 20 世纪中叶开始得到少数民族语言研究专家的重视。但是，有关黎语语法研究的文献并不多见，现有的学术专著只对黎语语法概貌进行一般性描写和介绍，缺乏深入、细致的语法分析。迄今为止，还未有学者从形式语言学的角度系统研究黎语。语言学理论好比是一副放大镜，可以帮助我们窥见更细微的语言现象。就像新描写主义所主张的那样，"从一粒沙子看世界"，追求对语言事实或现象的细颗粒度的微观描写和刻画（胡建华，2018）。本研究在形式句法学研究范式下，提出一个名词性短语形式句法理论方案，系统考察黎语名词性短语句法结构，旨在挖掘和分析更为细致的语言事实，对黎语进行理论刻画。

　　本研究涉及的形式句法学理论是乔姆斯基在 20 世纪 50 年代创立的生成语法。该理论从创立伊始就不断得到革新，经过大半个世纪的发展，已经形成系统的形式句法理论。生成语法是关于自然语言的科学研究，目的在于解答人类语言知识的本质、来源和使用问题，并在此基础上，进一步研究和探索语言的生物进化问题。生成语法认为，语言是人类成员心智/大脑中的语言机能所呈现出的状态。语言机能具有其初始状态和稳恒状态；初始状态是普遍性的，为人类成员通过生物遗传所共同拥有，也称为普遍语法 UG（universal grammar）。在具体语言经验的引发作用下，初始状态生长成熟为个体性的稳恒状态，称为具体语法 PG（particular grammar）。生成语法这种理论追求，客观上要求越来越多的语言参与到它的理论构建中来。每一种语言都是人们认识世界的独特方式，黎语句法研究能揭示黎语独特的语言特点，为窥探隐藏在人类具体语言深处的普遍语法提供一个视角。

本研究在生成语法限定词短语分析模式（DP 分析模式）内提出一个具体的理论方案，以此系统分析黎语名词性短语。我们采用刘丹青（2008）对名词性短语定语的分类，把黎语名词性短语分为两大类：内涵式名词性短语和外延式名词性短语。内涵定语指名词性短语中心名词的修饰成分，包括形容词、关系从句；外延定语指涉及名词性短语指称、量化属性的成分，包括指示代词、量词、量化词、数词等。当然，从形式句法的角度来看，外延定语本质上并非名词的修饰成分，做以上区分只是方便论述。在内涵式名词性短语方面，本研究主要讨论了黎语形容词短语、关系短语、形容词重叠式，以及名词修饰和动词修饰短语。在外延式名词性短语方面，我们重点考察了黎语指示代词短语，数+量+名短语，领有短语，量+名短语，光杆名词短语，复数标记 kun，以及双重量词短语等句法结构。此外，我们还考察了黎语内涵式和外延式混合名词性短语。

本书的结构安排如下：第一章是绪论，主要介绍黎族与黎语的基本情况、黎语名词性短语研究的概貌以及本书主要研究内容和研究思路。第二章简要介绍生成语法的理论主张，并提出一个名词性短语句法学理论方案，为黎语名词性短语的讨论提供一个分析框架。该方案主要涉及光杆名词的语义，名词的可数性，限定词 D 的指称，量词、数词，以及 DP 内部其他语类范畴的语序问题。第三章对黎语外延式名词性短语进行较为全面的讨论，涵盖黎语指示代词短语、数量名短语、领有短语、量名短语、光杆名词短语、名词复数标记 kun，以及双重量词短语等结构。第四章秉承制图句法的理念，主要分析了黎语形容词短语和关系短语。我们主张黎语形容词和关系从句基础生成于 NP 之上的某一功能词的标示语位置，这种标示语分析法可以解释形容词叠加的严格语序。第五章讨论内涵式和外延式混合名词性短语，探讨混合短语的组合规律。研究发现，黎语关系从句和形容词无法在毗邻的位置出现，这种限制可能跟黎语缺乏结构助词有很大关系。第六章是结语，指出本研究的一些不足和今后努力的方向。

当前熟练使用黎语的黎族人在不断减少，黎语逐渐成为一种濒危语言。因此，加大黎语研究力度是黎语与黎族文化保护与发展的重要举措。黎语形式句法学研究为黎语研究注入新的生命力，让更多学者关注黎语，了解黎语语言与文化。当前海南正在建设国际自由贸易港，海南本土文化的传承和发展是极重要的一环。黎族先人是最早聚居于海南岛的居民和开拓者，经过几千年的繁衍、发展，黎族同胞创造了丰富繁荣的黎族文化，因此保护和挖掘黎语语言与文化资源意义重大。我们希望将来有越来越多的研究者投身到黎语的研究中去。

蔡激浪

2024 年 3 月 21 日

目　录

第一章 绪论

第一节 黎语概况

语言研究离不开人的研究，就此而言，黎语研究不光具有语言学意义，还具有人类学意义。在本节，我们首先对黎族及黎语的基本情况做一个概述，然后回顾前人对黎语的研究，并论述黎语研究的重要意义。

一、黎族与黎语

黎族是一个历史悠久的民族。据史料，黎族先人自周秦时期就已经生息繁衍在海南岛，是海南岛最早的居民和开拓者。据 2010 年海南省第六次人口普查，海南省全省黎族人口有 1,262,262 人[①]。"黎"是他称，即汉族人对黎族人的称呼，黎族人自称"赛"（参阅王学萍，2004）。《后汉书》记载，黎族最早可能被称为"里"，东汉以后，史籍中的"里"转变为"俚"，南朝时期，"俚"被频繁作为族称而使用，且一直沿用到唐宋，后来才逐渐发展为"黎"。关于"俚"为什么后来改为"黎"，过去有不同的说法。比较古老的说法是，大约在宋代，海南话里"山"的发音近似"黎"的发音，居住在山上或山四周的人被称为"黎"。明代音韵学家顾炎武先生从语音变化的角度解释称："按俚讹为黎，声之转也久矣。"顾炎武先生的意思是，由于语音的变化，"俚"讹为"黎"，并没有涉及"黎"和"山"的关系。总的说来，无论是"俚"还是"黎"，皆是黎族的译音（参阅欧阳觉亚、郑贻青，1983）。

---

① 参阅海南省统计局、海南省第六次人口普查办公室：《海南省 2010 年人口普查资料》（上册），北京：中国统计出版社，2012 年。

随着西方民族学、人类学的兴起，以及相关理论在中国的传播和发展，20 世纪初至今，国内学者对黎族的研究日渐活跃，取得了丰硕成果。研究主要涉及黎族的族源、历史、社会政治、经济、文化、艺术、宗教、习俗、信仰、建筑等方面。研究方法日趋多元化，融合了民族学、人类学、社会学、考古学、统计学、语言学、植物学等学科。特别是近年来，黎族研究者越来越重视黎族传统的生产生活方式、地方性知识、世界观、价值观等文化事项的研究，促进黎族非物质文化保护和黎族地区社会和谐发展与进步（谢东莉，2012）。

黎族人使用黎语，黎语属于汉藏语系壮侗语族黎语支。黎族人与汉族人的关系比较久远，在长期的接触中，多数黎族人通晓汉语方言（以海南话为主），随着普通话的普及，黎族人也使用汉语普通话。但是，当前熟练使用黎语的黎族人在逐渐减少，这在一定程度上给黎语语言与文化的传承与发展带来一些困难。

国家重视少数民族语言的研究工作。在 20 世纪 50 年代，中国科学院少数民族语言调查第一工作队海南分队对黎语进行了较为全面的调查。整个调查历时两个多月，涉及海南黎族苗族自治州所属的 8 个县的黎族地区，搜集了黎语各方言、土语的语言材料和部分人文材料（王均，1985）。在此次的黎语调查工作中，工作队确立了哈方言保定村的罗活土语为标准音，设计了《黎文方案》（草案），并于 1957 年 2 月在原广东省海南黎族苗族自治州首府通什市（现今五指山市）召开的"黎族语言文字问题科学讨论会"上通过，随后报国家民委备案（文明英、文京，2009）。《黎文方案》采用拉丁字母，字母发音接近汉语的拼音方案。但是，自黎文创制以来，其普及率一直不高。近年来，海南本土一些黎族语言工作者积极开展"学说黎文"活动，极大程度上促进了黎文的推广，值得称道。

但是，我们觉得黎文要得到广泛的认可与发展，应该加大黎语和黎文的宣传。为了更好地传播黎文，在本研究中，除了文献中所引用的其他语言语料采用原文标注之外，所有黎语语料全部采用黎文标注，辅之以汉字进行对照，并给出中文译文。

黎语内部可以分为哈、杞、润、美孚、赛五种方言。哈方言，也称"侾"，是五大方言中人口最多、分布最广的方言，主要分布在乐东、陵水、昌江、白沙四个黎族自治县和三亚、东方两市。哈方言内部也存在不同的土语，通常是以居住地命名的，例如有罗活、抱由、志强土语。杞方言，也称"岐"，人口仅次于哈方言，主要分布在保亭、琼中和五指山。润方言是其他方言的黎族对其的称呼，汉族人原来称其为"本地黎"，意为"土著的黎族"。润方言内部的土语也相当复杂，主要有白沙土语和元门土语。美孚方言是汉语译名，主要分布在昌化江下游两岸。赛方言，又称"加茂"，人口较少，主要分布在保亭、陵水和三亚交界的地方。赛方言与其他黎语方言的差异较大，但整体上讲，各方言的黎族人之间的语言交流是没有太大障碍的。在方言、土语内部，各地还有很多不同的称呼，如抱由、抱怀、罗活、志强、抱显，等等。这些叫名可能是过去黎族部落的名称。直至现在，这些不同名称的黎族支系，无论是在语言、文面、服饰方面，还是在其他风俗习惯上仍然保留一些细微的差别，外人无法对这些差异一一辨别，但是在黎族内部的人们是分得很清楚的。尽管有不同的族群，且不同支系间也有差异，但是，在汉族和其他民族面前，黎族人自称为"赛"（黎），而不是哈、杞、润等（参阅欧阳觉亚、郑贻青，1983）。黎族各支系由于受到汉族文化不同的影响而表现出不同的特点，但是撇开这些外来影响，各支系之间的共同点是很多的。这些共同点表现在服饰、住房和宗教迷信习俗等诸多方面。

　　黎语各方言、土语的区别主要表现在语音上。关于黎语的声母数目，各方言、土语不尽相同。其中声母最多的是保定话（哈方言），共有 32 个之多，最少的是杞方言，只有 20 个，其余方言和土语的声母都在 21 个到 31 个之间，平均每个土语声母有 25 个。各方言、土语不光声母差别大，韵母数目差别也不小。韵母最多的是加茂方言，共有 145 个，最少的是本地方言元门土语，只有 82 个，其余方言、土语的韵母在 88 个至 105 个之间。平均每个土语有 102 个。黎语各方言、土语元音最少的有 6 个，最多的有 9 个。以此看来，黎语无论是声母还是韵母，其数量都是比较大的。各方言、土语的声调数目相差同样很大。例如舒声调，哈方言和美孚方言只有 3 个，杞方言和本地方言元门土语却有 6 个之多。但是本地方言只有 2 个促声调，其他方言有 3 个到 4 个（参阅欧阳觉亚、郑贻青，1983）。

　　尽管在音系上黎语各方言和土语有很大差异，但是相对而言，各方言和土语的语法差异并不大，因此，本研究的语法调查不涉及多个方言，我们的调查以哈方言罗活土语为准。

二、黎语研究

黎语研究是黎族研究的一个重要方面。黎语研究最早可追溯到 1892 年杰里迈森的《海南岛的黎族土著及其语言》,1931 年法国萨维纳神甫的《黎法词汇》及 1937 年德国史图博的《海南岛的黎族》等文献(参阅冯青、李清桓,2011)。国内的研究始于 20 世纪 50 年代中国科学院少数民族语言调查第一工作队海南分队对黎语的调查。欧阳觉亚、郑贻青(1983)在早期语言调查的基础上写成了《黎语调查研究》一书。此作中,作者主要对黎语侾、杞、美孚、加茂、本地主要方言及其他一些黎语土话的语音系统进行区分与描写,收集了 1630 个黎语词汇,此外,对黎语语法也有所涉及,但篇幅较少。郑贻青、欧阳觉亚(1980)还编著了《黎汉词典》,以黎语哈方言为基础,收入词条 6700 余个,为后人研究黎语提供了很好的语料基础。

郑贻青、欧阳觉亚(1980,1983)的研究引起学界对黎语研究的极大兴趣,后续的研究逐渐丰富起来。回顾黎语的研究文献,主要从以下几个方面展开:1)对黎语归属和历史演变问题的讨论;2)对黎语语音系统的描写;3)黎语的使用现状问题研究;4)黎语语法研究。

黎族内部方言分化问题一直是学者们关注的问题。有观点认为黎族支系间语言上的区别主要源于黎族先民入琼的时间不一,鞠斐(2012)认为黎语加茂方言的数词系统不同于其他方言支系,更接近黎语古语系统,因此认为加茂黎支系可能是最早的入琼者。当然,也有观点认为黎语方言的变化是后来分化的结果,也就是黎族先民在琼定居下来后,由于地域的因素,黎语内部自然出现分化。从海南的地名来看,过去黎族曾分布在全岛各地,后来因汉文化的强势影响而集中到了中部山区(鞠斐,2012)。任何语言的发展都不可能是孤立的,每种语言和方言的形成总有一定的历史原因。黎语的这种内部方言分化当然原因较多,涉及人口分布、地理环境、集体迁徙、异族接触等因素(银题,1993)。

黎语内部方言的分化最直接的影响是各方言区的黎族人用本民族语言进行交际没那么通畅,因此有些地区不得不用海南闽语作为他们交际的共同语(银题,1993)。这在一定程度上影响了黎语的使用与传承。因此,也有不少学者关注黎语的使用现状问题。李枚珍、王琳(2010)通过问卷和访谈对海南省东方市东河中学、民族中学的教师、学生和学生家长进行调查,分析黎族居民对黎语的态度及语言使用现状，探索黎语技能退化的原因。该研究发现，黎族聚居地黎语使用在逐渐萎缩；黎语语言技能有明显退化，多数受访者感到黎语词汇匮乏，在一些情景和话题中说普通话更加容易；多数受访者讲黎语有语码混用的现象，即使用黎语交流时掺杂使用其他语言。文珍、邢杰伶（2010）对乐东县一个黎族村落进行语言调查，该研究表明，黎村的青少年母语能力明显呈下降的趋势，主要表现为词汇量减少，汉语借词增多。以上研究所揭示的有关黎语使用现状问题，在我们的语言调查中也得到验证。鉴于此，黎语保护工作迫在眉睫，加大黎语的研究具有重要的现实意义。

在前人的研究中，黎语语法专题研究的文献并不多见，苑中树的《黎语语法纲要》（1994）和张雷的《黎语志强话参考语法》（2010）是这方面难得一见的专著。但是这些著作主要对黎语的语法概貌进行一般性的描写和介绍，并未展开细致的语法分析，此外，鲜有文献深入研究黎语某一语法专题。由此可见，黎语的语法研究亟待推进。关于黎语名词性短语的语法研究更是少见，有关名词性短语的讨论通常散见在一些著作中，我们在下一节将对此做系统的梳理。

第二节　黎语名词性短语研究

尽管黎语研究起步较早，最早可以追溯到 19 世纪末，并在 20 世纪中叶开始得到少数民族语言研究专家的重视。但是，黎语语法研究的文献并不多见，难得一见的专著有苑中树的《黎语语法纲要》（1994）和张雷的《黎语志强话参考语法》（2010），但是，这些专著基本上只是对黎语的语法概貌进行一般性的描写和介绍，并未展开细致的语法分析。至于某一具体的黎语语法专题研究，如黎语名词性短语研究，还未能见到。但是，这并不是说学界从未探讨过黎语名词性短语的问题，实际上，相关的讨论散见于一部分文献中。本节我们先介绍黎语名词性短语的基本范畴，然后在以往文献中梳理出有关黎语名词性短语的研究线索。

一、黎语名词性短语的基本范畴

本研究所关注名词性短语内部的语类范畴主要包括名词、形容词、量词、数词、指示代词、人称代词。除了上述语类范畴外，关系从句也是名词性短语内部一个重要组成部分。

（一）数词

数词表述数目和次第，可分为基数词、序数词、概数词、分数词、倍数词和合成数词，本研究主要涉及基数词。黎语基数词均为单音节词，包括 1 至 9 的个位数词，皆是黎语固有词汇。黎语没有"零"的数词，如合成数词"一百零一"直接表达为 zuu wan zeuus（一百一）。黎语固有的位数词有 fuety（十）、wan（百）、nguentt（千）、vanx（万）和 yi（亿），都是来自海南闽语的借词。合成数词由序数词和位数词组合而成，如 hlaus fuety（二十）、caus wan（四百）等。

黎语数词和量词结合，数词总是位于量词的左边缘。数+量短语也可以单独做句子的成分。和汉语一样，黎语的概数词也可能是非常复杂的结构，如 fus dhans ba hom（三至五个），hlaus fus hom（两三个）。我们据此认为，在句法上，数词理应是一个最大投射，不是一个中心语。在本研究框架中，数词被分析为量词的标示语。在后面的章节中我们将深入讨论这个问题。

（二）量词

量词作为一个独立的语类，这在汉语研究史上是比较晚近的事。量词又称单位词，是表示人与事物，或者行为动作数量单位的词。量词分为名量词和动量词两类，名量词较之动量词要丰富得多。同汉语一样，黎语许多量词由名词或动词语法化而来。黎语名量词可以细分为个体量词、集体量词、度量衡量词、时间量词等，其中，个体量词比较丰富，是名量词的主体。动量词可分为通用计量动量词、借用动量词和体貌动量词。

名量词：

个体量词：kuengx（棵），hom（个），fans（件），dhatx（条）

集体量词：diengx（双），kun（群），paus（堆），ghoix（排）

度量衡量词：ginx（斤），hlaus（两），ciaux（尺）

时间量词：baux（年），nyan（月），wan（天），comx（晚）

动量词：

通用计量动量词：guuen（次），guuen（回），fantx（下）

借用动量词：tuekx zuu *tuekx*（包一包），dakx zuu *dakx*（砍一砍）

体貌动量词：gunx zuu *guuen*（扫一遍），cuengx zuu *kaux*（歇一会儿）

本研究只研究黎语的名量词。黎语的名量词不能单独做句子成分，通常和数词一起修饰名词，也可以直接修饰名词，还可以单独和数词或者指示代词结合充当句子的主语、谓语、宾语和补语。黎语数量词和名词组合的语序和汉语一样，也是数+量+名短语。数量词和指示代词组合，指示代词位于数+量+名的右边缘，即形成数+量+名+指短语。黎语量词不能重叠，要表达周遍义需要借助 muis（每）来实现。第三章对此会有详细的讨论。

（三）名词

名词是表示人、事物或抽象概念的词。黎语名词在句子中可以充当主语、宾语，也可以充当定语构成名+名短语。从传统语法的角度来说，黎语名词可以被形容词、数量词、指示代词以及名词修饰。需要注意的是，在本研究的理论框架中，量词、指示代词实质上是中心语，并非名词的修饰成分。黎语的名词可以分为普通名词、专有名词、时间名词、处所名词和方位名词等，逐一罗列如下：

普通名词：veengs（衣服），dzeeng（羊），dzax（蛇），daus（灶）

专有名词：Bhousdheengs（保定村），Hwousbapuens（五指山），Dongxgok（中国）

时间名词：hwandiu（今天），bouxduis（牛年），qihauux（从前）

处所名词：pangdhaix（河边），ohyaeu（学校），gongxhuis（公园）

方位名词：neix（这里），dhang（前边）

从句法分析角度看，黎语的普通名词及部分处所名词基础生成于词汇语类名词 N 节点，我们认为无论专有名词，还是时间名词和方位名词，以及部分处所名词（兼属专有名词）都是基础生成于功能语类 D（determiner）节点。因此，对于句法而言，名词的具体类别不怎么重要，区分名词的句法位置才是关键。在第二章，我们将详细介绍名词性短语句法理论，相关的概念也会得到细致的讨论。黎语名词一般不能构成重叠式来表达周遍义，如在汉语句子"人人都来了"中，"人人"即是表示周遍义的名词重叠式，不同于汉语，黎语名词周遍义必须借助 muis（每）和数量词来实现，如 muis zuu lang au rus beis buuen eis（每一人都来了）。

（四）指示代词

指示代词可以用来指代人，也可以用来指代物。黎语指示代词通常有近指、中指和远指之分（张雷，2010）。

近指代词：neix（这）

中指代词：hauux（那）

远指代词：max（那）

黎语指示代词可以直接修饰光杆名词，形成名+指短语，也可以同数量词一道，与名词构成数+量+名+指短语。在当前的黎语使用中，指示代词居前（指+数+量+名）很多情况下也被黎语说话者所接受。学界一般认为此现象是黎汉语言接触所致，并非黎语固有的语序。

在句法研究中，我们把指示代词分析为限定词短语中心语类 D。对黎语指示代词右边缘位置，我们将提出一个理论解释方案。对这些论题的讨论将在后面的章节中逐渐展开。

（五）人称代词

黎语人称代词也分为第一、第二和第三人称，且都有单复数形式。第一人称单数有通称和谦称的用法，其复数形式有排除式和包括式两种。排除式指不包括听话者在内，包括式包括听话者在内，类似汉语的"咱们"。人称代词在句中可以做主语、宾语和定语，没有格的变化。做定语的人称代词和名词构成领有短语，该短语不需要任何结构助词辅助。如，"我们的槟榔园"在黎语中的表达是 huis zuu lungs fa（我们槟榔园），其中 fa 是"我们"的意思。这不同于汉语，汉语有些领有短语要求"的"强制出现，例如"我们学生"（非同位语结构）不能被人们接受，必须得说"我们的学生"。在句法上，我们认为人称代词同指示代词一样，生成于功能中心语 D 的位置。

表 1-1　黎语人称代词

人称	单数	复数
第一人称	dhes（我）	gha（包括式）fa（排除式）（我们）
第二人称	meuu（你）	meuu da（你们）
第二人称	na（他）	kun max（他们）

（六）形容词

形容词表示人和事物的形状、性质和状态的词。黎语形容词也可以分为性质形容词和状态形容词两类。从语法意义上看，前者纯粹表示属性，后者带有明显的描写性质（朱德熙，1982）。

黎语性质形容词：ghans（红），kau（白），long（大），daus（长）

黎语状态形容词：hlen muuen（漂亮的），ghan（冰凉的），muuenx（笔直）

黎语形容词可以充当谓语、定语、状语和补语。在汉语中，性质形容词做定语修饰名词有带"的"和不带"的"两种，在句子中不带"的"的性质形容词修饰名词有诸多限制。在黎语中，形容词修饰名词无需像汉语"的"那样的结构助词，且位于名词之后。黎语形容词无论是单音节还是双音节，都有重叠式，用来表示程度的加深，如 gaus gaus（早早的），lok lok（黑黑的），peek peek tauus tauus（高高低低的）。

（七）关系从句

按照传统语法的界定，关系从句是指做定语的主谓短语、部分动词短语和形容词短语。关系从句所修饰的中心词（先行词）在关系从句中占据一个句法位置，包括主语、宾语等。换言之，关系从句中缺乏一个论元，这个论元就是关系从句所修饰的中心语。在英语中，关系从句的标记通常由关系代词、疑问代词等词类充当。汉语普通话关系从句的标记是"的"，有些汉语方言的关系从句标记更为丰富一些，例如量词、指示代词都可以作为关系从句的标记。黎语也有专门的关系从句标记 as，但其使用不太活跃。黎语关系从句有前置型关系从句与后置型关系从句之分。前置型关系短语指关系从句位于中心名词之前的关系短语；后置型关系短语指关系从句位于中心名词之后的关系短语。见下例：

（1）*Nyia yau bungx max zuu lang* bheis kia dzuen eis.（前置型）
　　　被　人家　抓　那　一　个　已经　住　院　了

"被捉的那位已经住院了。"

（2）*Ox yau dun ca cias max* muis zuu hom dhuix rus zaux.（后置型）
　　　学　校　教　汉字　那　每　一　个　队　都　有

"教授汉语的学校每个大队都有。"

此外，黎语也有无中心语的关系从句，也叫自由关系从句，指没有显性名词性成分做中心语的关系从句，见下例：

（3）Neix　guux　*bais　dhes　caty.*
　　　这　　是　　妈妈　我　买

"这是我妈妈买的。"

以上所描述的语类范畴都是本研究所涉及的对象，一方面我们要确定这些语类范畴的句法地位，另一方面要讨论不同语类范畴的句法互动关系，以期刻画黎语名词性短语的句法机制。

二、黎语名词性短语研究现状

黎语语法专题研究的文献尚且缺乏，有关黎语名词性短语的语法研究更是少见。邱帅（2015）的硕士学位论文《黎语美孚方言名词性短语研究》是难得一见的一项专门研究。此作之外，前人对黎语名词性短语问题的探讨散见于各类文献中。在本节，犹如沙滩上拾贝一般，我们从各类文献中梳理出黎语名词性短语研究的相关论述。

（一）《黎语调查研究》（欧阳觉亚、郑贻青，1983）

欧阳觉亚和郑贻青两位先生在 20 世纪 50 年代的语言调查工作开创了当代黎语研究的先河，他们撰写的《黎语调查研究》为后续的黎语研究发展奠定了基础。因此，我们专门用一节来回顾该作有关名词性短语的论述，如果不特别交代，所论及的内容皆是该作的内容。该作对黎语名词性短语的一些语类范畴进行简单的描写，诸如词类的分类及各词类的基本语法表现，讨论的语料还不够丰富，也不涉及深入的语法分析。欧阳觉亚、郑贻青（1983）按照词义和语法把黎语词类分为十二类，分别是名词、动词、形容词、代词、数词、量词、副词、连词、介词、助词、语气词和象声词。

同汉语一样，黎语名词被数词修饰时需要量词的辅助。名词、量词不能重叠使用，即没有 *au au（人人）、*waus waus noms noms（山山水水）这样的结构，表示周遍义只能用 muis（每），即 muis zuu wan（每一人），muis zuu hom waus（每一座山）。黎语名词在构词上有表示性别之分的前加成分，pas 指阳性，bais 指阴性，如"男售货员"表达为 pas man dzuengs gung，"女售货员"表达为 bais kaux dzuengs gung，"公鸡"表达为 pas katt，"母鸡"表达为 bais katt。

黎语人称代词复数也可以同名词组合，构成类似汉语"他们两个姐姐"的短语。有意思的是，人称代词和指示代词可以在同一个名词短语里同现，如下例所示：

（4）kun max   hluu   likx   max

　　他 们　青　　年　　那

　　"那些小伙子"

在汉语中，除非数量词一起出现，否则人称代词和指示代词是不能同现的，即不能说"他们那青年"，只能说"他们那三个青年"。有理由设想，黎语复数人称代词有兼用的可能性，即兼用为名词复数标记（类似汉语的"们"）。有关名词复数标记的问题，第三章有专门的讨论。

黎语简单名词性短语可以直接当谓语，如 na guekk dhes（她是我妹），假如名词性短语带数量词或者有更复杂的修饰成分，句子的判断动词 guux（是）就不能省略。黎语名+名组合的并列短语有些时候不需要连词；名词受形容词、名词、代词以及动词修饰，修饰成分全部出现在名词之后。但是，形容词修饰有一个例外，表示"小"的形容词在修饰名词时位于名词之前（哈方言），黎语其他方言可能会有差异。黎语名词还可以修饰形容词，在这种情形下，形容词在左，名词在右，如 bheng langs（宽海）。实际上，这种结构是由形容词+介词短语简化而来的，即介词 bhan（如）被省略掉了。此外，黎语的名+形短语如果有其他成分就不是偏正短语，而是主谓短语，见下例的对比：

（5）a. noms   ghan

　　　水　　凉

　　　"凉水"

b. noms　ghan　eis

水　　凉　　了

"水凉了。"

此外，欧阳觉亚、郑贻青（1983）还对黎语各方言、土语语法做一些比较，揭示了各方言、土语有关名词性短语的差别。例如白沙黎语的指示代词只有远指的用法，没有中指的用法。黎语多数分支的指示代词都位于名词右侧，但因为受汉语接触的影响，在有数量词的名词性短语中，指示代词也可以位于整个短语的左边缘。加茂方言比较特别，指示代词只能用在左边缘。这是否可以说明加茂方言受汉语影响最甚？因为从语言类型学的"最多数"原则来看，（数+量）名+指理应是黎语最原始的语序。

一般认为，黎语的量词不能重叠，但是加茂方言的量词却可以重叠。跟指示代词的情况一样，加茂方言的量词重叠在黎语方言中也是独树一帜，显然也是受汉语接触的影响。欧阳觉亚、郑贻青（1983：6）也曾指出："加茂黎在语言方面是比较特殊的一支。"两位先生在调查中发现，加茂黎在服饰方面，男子已全部改为汉装；妇女上穿汉装，下穿黎族装。由此可见，加茂黎较之黎语其他方言区的黎族百姓，其汉化程度较高。

从欧阳觉亚、郑贻青（1983）的研究来看，黎语各方言间有许多差别，属音系的差别最多，语法的差别最少。为了方便研究，本研究的语料调查以哈方言罗活土语为准。此外，欧阳觉亚、郑贻青（1983）还对比了黎语与壮侗语族的其他语言。国内的壮侗语族除了黎语，还包括壮、布依、侗、仫佬、水、毛南等少数民族语言。

（二）黎语语法专著中的名词性短语研究

学界对黎语语法的专门研究比较缺乏，苑中树的《黎语语法纲要》（1994）和张雷的《黎语志强话参考语法》（2010）是难得的黎语语法研究。邱帅（2015）的硕士学位论文《黎语美孚方言名词性短语研究》是唯一一项有关黎语名词性短语的专题研究。本节主要梳理这些论著中有关黎语名词性短语的讨论。

苑中树（1994）对名词进行了分类，把名词分为专有名词、普通名词、抽象名词和时地名词。作者认为黎语的抽象名词不太发达，多数抽象名词都是来源于汉语的借词。该作很多的语法描写与欧阳觉亚、郑贻青（1983）并无二致，例如数词与名词搭配需要量词辅助，名词不能重叠等现象。我们只回顾该作与欧阳觉亚、郑贻青（1983）的不同之处。苑中树（1994）发现名词单独做谓语时，需要加上一个成分 guux，见下例：

（6）Va　　neix　guux　dungx　gokx.

　　　飞机　这　是　　中　　国

　　　"这飞机是中国的。"

（7）Hlaus　lang　duis　neix　guux　Laofu.

　　　两　　头　水牛　这　是　　老符

　　　"这两头水牛是老符的。"

（苑中树，1994：61）

苑中树（1994）对词组的组合做了比较详尽的描写。他把黎语词组分为联合词组、修饰词组、动宾词组、补充词组、主谓词组五种类型。主要涉及名词、形容词和动词的组合，我们只关注该作与名词和形容词有关的组合。苑中树（1994）发现在名+名的联合组合中，连词"和"可以置于两个名词中间，也可以加在每一个名词的前面。人称代词的联合也是如此。见下例：

（8）a. zuu　nyunx　ku　ox　cai

　　　　椰　　子　　和　　木瓜

　　b. dhes　ku　na

　　　　我　　和　他

　　c. ba　ku　bau

　　　　狗　和　猪

　　d. ku　dhes　ku　meuu

　　　　和　我　　和　你

关于名词修饰短语，苑中树（1994）的描写较之欧阳觉亚、郑贻青（1983）更为详尽一些。他指出，形容词、名词、代词、动词和数量词都可以做名词中心语的修饰成分，除了数量词外，其他成分位于中心名词之后。见下例：

（9）名（中心语）+名短语：

akx bau（猪肉），tun hlai（黎话），hau duis（水牛角）

kuuengx com cai（果树）

（10）名（中心语）+形短语：

noms ghan（冷水），veengs ban（新衣），fun long（大雨）

waus long（大山），bais hlen muuen（美丽的姑娘）

（11）名（中心语）+动短语：

fokx gaux（睡的地方），datx bhentt（飞鸟）

blungs kuix hui（会议室）

（12）名（中心语）+代短语：

nyungs dhes（我哥哥），wokx meuu（你的心）

veengs neix（这件衣服），blungs max（那房子）

需要特别指出的是，黎语名+动和名+形的修饰词组容易和主谓短语混淆。欧阳觉亚、郑贻青（1983）指出，黎语的名+形短语如果有其他成分就不是偏正短语，而是主谓短语。见例（5），重新列举如下：

（13）a. noms　　ghan

　　　　水　　　　凉

　　　"凉水"

　　　b. Noms　　ghan　　eis.

　　　　水　　　　凉　　　了

　　　"水凉了。"

由此可见，这些所谓"其他成分"实际上是体标记。我们有理由认为，在黎语中体标记是区分主谓短语和偏正短语的一个重要语法手段。

苑中树（1994）发现，从汉语吸收而来的词汇，修饰词组的语序向汉语趋同。在讨论汉语对黎语的影响时，他提出名词修饰语位于名词中心语之前的语序乃黎语吸收海南闽语结构助词"的"（gais）所致，如下例所示：

（14）a. hais　　nams　　gais　　lokk　　dhungx

　　　　海　　　南　　　的　　　乐　　　东

　　　b. gaus dhom　　gais　　caus wan

　　　　早　　　晨　　　的　　　太阳

鉴于黎汉语言接触对黎语的影响比较大，我们在分析黎语名词性短语句法时，需要区分黎语固有语序和汉语借词语序，否则我们无法洞悉黎语的本来面貌。总之，在黎语名词修饰语中，只有数量词位于名词之前。但有意思的是，尽管黎语名量词总是出现在名词之前，但动量词的语序更为灵活，既可以出现在名词之前，也可以出现在名词之后。见下例：

（15）a. zuu   guentt   hei / heis   zuu   guentt
　　　一　　　趟　　　去　去　　一　　　趟

　　b. fus   guentt   taix / taix   fus   guentt
　　　三　　　遍　　　打　打　　三　　　遍

　　c. hlaus   guentt   raux / raux   hlaus   guenntt
　　　两　　　　次　　　读　读　　两　　　　次

关于形容词为中心语的修饰词组，苑中树（1994）也有比较详细的讨论。形容词的修饰语一般由副词、形容词和代词充当，有少数名词也可以作为形容词的修饰语。大多数修饰形容词的副词和形容词都置于形容词中心语之前，但也有一些置于形容词之后。请看下面例子：

（16）a. hlen   ban
　　　好　　　新
　　　"好新"

　　b. hlen   com
　　　好　　　锋利
　　　"好锋利"

（17）a. faus   beis nyas
　　　热　　　非常
　　　"很热"

　　b. peek   beis nyas
　　　高　　　非常
　　　"很高"

　　c. kaix   beis nyas
　　　冷　　　非常
　　　"很冷"

名词修饰形容词的结构实质上是形容词+介词短语省略介词（bhan）而得。关于这一点认识，张雷（2010）的讨论也有涉及。请看下例：

（18）a. long   (bhan)   duis
　　　大　　　（如）　牛

　　b. bheng   (bhan)   lang
　　　宽　　　　如　　　海

此外，苑中树（1994）对比分析了黎语各方言之间的一些差异，这方面的讨论和欧阳觉亚、郑贻青（1983）并无太多差异。但是，关于汉语语法对黎语的影响，苑中树（1994）的讨论揭示了许多值得注意的现象。他指出，当前黎语的名词性短语也有名+数+量短语，这是汉黎接触过程中黎语受汉语的影响所致。汉语名+数+量短语经常用于购物清单或者点餐这样的交际场景，黎语的名+数+量短语是否也是用在这样的交际场景中，对此，苑中树（1994）并不做更多的讨论。关于汉语对黎语的影响，苑中树（1994）还讨论了指示代词的位置、名词修饰语的位置，以及形容词修饰语的位置等问题。这些问题上文多有提及，不再赘述。

张雷（2010）的博士论文《黎语志强话参考语法》结合语言学的基本理论，以"参考语法"的范式为框架，运用传统语法的描写方法，对志强黎语的语法进行描写、分析。该作多有提及苑中树（1994）所讨论的论题。我们同样只关注该作不同于其他文献的一些讨论。首先值得特别关注的是，张雷（2010）描写了黎语名词化（即名物化）的现象。这种结构由一个专门的助词和动词短语或者形容词结合而成。见下例：

（19）a. as　　taix　cientt　max
　　　　名物化　打　石　　那
　　　　"那个采石的"

　　　b. as　　dzuengs　yaus　max
　　　　名物化　卖　　　盐　　那
　　　　"那卖盐的"

　　　c. as　　bous　tau　max
　　　　名物化　补　锅　那
　　　　"那个补锅的"

　　　d. as　　ban　max
　　　　名物化　新　那
　　　　"那个新的"

　　　e. as　　viemx　max
　　　　名物化　生　那
　　　　"那个生的"

此外，张雷（2010）认为黎语名词的前加成分 pas 也可以与形容词、形容词短语和动词短语结合，构成有关男性的名词或名词短语，因此也是一种名词化手段［例（20）］。但是，该作在名词化的讨论中没有提及与 pas 相对的前加成分 bais（表阴性）。

（20）Dhes　<u>wan neix</u>　lais　<u>pas los</u>　dhuus　cix.

　　　 我　 天 今　 看到 假精的人　 在　 街上

　　　"我今天在街上看到一个骄傲自满的人。"

张雷（2010）还考察了黎语包含关系从句的复杂名词短语。按照是否有中心词，关系从句可分为有中心词关系从句和无中心词关系从句；从关系从句的位置来看，关系从句还可以分为前置型关系从句和后置型关系从句。张雷（2010）的研究表明，这几个类型的关系从句都可以在黎语中得到检验。无中心词关系从句本身也是一个名物化短语，在黎语中也比较常见。后置型关系从句比较常用，且后置型关系从句的关系化标记经常可以省略。相比较而言，黎语的前置型关系从句不是很常见。在第四章，我们将对黎语关系短语进行深入分析。

邱帅（2015）从类型学视角研究黎语美孚方言的名词与名词性短语。美孚方言是汉语译名，主要分布在昌化江下游两岸。该作沿用黄伯荣、廖序东（2011）对名词的分类，把黎语名词分为一般名词、处所名词、方位名词和时间名词。在此基础上，该作描写黎语名词的构造、句法功能以及名词为核心的短语构成及其句法功能。重点讨论了名词前缀，以及名词、形容词、数量词、关系从句和动词等多项成分修饰名词的语序问题。但是，邱帅（2015）的研究仍然停留在一般性描写，缺乏名词性短语有关语法现象的深入分析。例如，在讨论美孚方言关系短语时，该作并不区分前置型和后置型关系短语，所给出的例子只有后置型关系短语。尽管该作也涉及名词性短语的指称问题，但是并不深入分析有定、无定、类指等不同指称义的名词性短语的语法机制，缺乏理论方面的讨论。此外，邱帅（2015）还讨论了美孚方言的名词多重修饰语，所关注到的语言事实颇为有趣，该作言及的多重修饰语即是本研究所关注的混合名词性短语，我们将在第五章对此进行讨论。

（三）黎汉名词性短语的对比研究

系统地对比黎汉名词性短语的研究还未能见到，但是，有个别研究涉及黎汉名词性短语中某些语类范畴的对比。这方面的文献主要有吴艳（2007）

的硕士论文《汉语量词和黎语量词比较》和冯青（2012）的《海南黎语与汉语量词的异同》。此二文对黎汉量词用法进行了对比研究，从而发现黎语量词系统的一些特点。

吴艳（2007）的研究主要涉及黎汉两种语言量词分类、量词短语形式以及量词句法功能等方面的对比。在量词分类方面，该作认为黎汉在量词的大类划分方面并无差异，两种语言的量词都可以分为名量词和动量词两大类。但是，在量词的小类划分方面，黎汉两种语言略有不同。具体说来，黎语不区分临时量词和借用量词，也没有复合量词；汉语区分临时量词和借用量词，也存在复合量词。关于量词和名词搭配问题，吴艳（2007）发现，相比汉语，黎语个体量词的表意功能更强，即量词的语义专门性更强。在短语结构形式方面，吴艳（2007）主要从数词和量词组合、量词重叠、量词省略、数词省略等角度对黎语量词短语的特点进行描写。例如，黎语不能通过量+量重叠式来表示周遍义，但是可以通过数-量-数-量即 ABAB 式重叠方式来表示，这与汉语的表现很不相同。此外，黎语指示代词和数量短语的组合语序比较灵活，可出现在数量短语前面，也可以出现在数量短语后面。在句法功能方面，吴艳（2007）认为黎语同汉语一样，量词短语都能在句中做主、谓、宾、定、补等成分。但是，在具体的运用上，黎语量词短语较之汉语有一定的限制，如黎语数量重叠式 ABAB 不能在句中充当主语。

吴艳（2007）还讨论了黎语动量词与动词的搭配，动量词与动词的语义关联等问题。该作对黎语量词的研究较之于其他文献，关注面比较广，提供的语料比较丰富，让我们进一步了解黎语量词短语的语法特点。但是，对黎汉量词短语一些细微差异仍缺乏深入的分析，也缺少理论上的深入讨论。

冯青（2012）首先从量词分类和语法特征方面对黎汉量词进行分析，在此基础上，探讨了两者在表意功能方面的异同。他认为黎语量词较之于汉语还不算很发达，因为黎语量词的数量要比汉语的量词少很多。但是，黎语量词的类属性要比汉语强，即量词语义专门性较强，通常某一类事物只能带某一特定量词，如下例[①]所示：

---

① 其中，pas 对应的原文标注是 pha[11]，hauus 对应的标注是 hau[11]；冯青（2012）认为 hau[11] 修饰女儿，本研究语言调查发现，该量词被用来修饰女孩，不一定特别指"女儿"这一身份。

（21）pas "个、位"——用于男人

hauus "个"——用于女儿

一般来讲，类属性比较强的量词系统，即某一特定量词只能表示某一类事物，量词兼类使用的情况比较少，这似乎也可以说明该语言的量词系统是比较发达的。从上例中可以看出，黎语量词似乎有"性别"（gender）的语法范畴，如 pas 用来修饰男性，而 hauus 则修饰女孩。但是，在我们的语言调查中，未能发现这种"性别"范畴在黎语量词系统中有表现。在量词的语法特征方面，冯文对黎语量词不能重叠等现象也进行了解释，跟吴艳（2007）总结的情况基本一致，此处不再赘述。值得一提的是，冯青（2012）发现黎语数量词短语在数词为"一"，且整个短语作有定[①]语义解的情况下，数词"一"往往可以省略，如下例所示：

（22）Lang　kai　kueis　hlaux　beis.

只　　鸡　　快　　死　　了

"这一只鸡要死了。"

这种量+名作有定解的结构在粤语、吴语等汉语方言中比较常见，但普通话不存在这样的结构。冯青（2012）指出黎语量词的表意功能与汉语相比并不太强，例如黎语量词缺乏褒贬的情感表达，如汉语量词"位"有表尊重的感情色彩，而黎语量词缺乏类似的表达。

（四）黎语名词性短语其他相关研究

前述提到，有关黎语名词性短语的专题研究难得一见，但是，在黎语一般性文献中，我们能找到一些相关的讨论。例如，黎族研究著作《中国黎族》（王学萍，2004）就涉及量词的分类问题。文明英、马加林（1984）描写了一种很有趣的语言现象，如在黎语中某些数词不需要通过量词也能直接修饰名词［如 fuety（十）］。文明英、文京的《黎语长篇话语材料集》（2009）也论及黎语量词的用法。例如，他们指出，黎语的周遍义无法通过量词重叠来表达，只能在个体量词之前加上 ranx[②]（每）来表达周遍义。他

---

① 冯文用"特指"的术语。

② 在课题组的语言调查中，发音人用的较多的是 muis，此词应该是海南闽语的借词。

们还指出，通常某一特定的黎语量词只能修饰某一事物，而不能乱用，如 ban（只）只能用于水牛，pas（个）只能用于男性等。此外，文明英、文京（2009）发现黎语中新出现的一些语法现象，其中有两条和量词有关。一是量词修饰名词的语序有变化，原来量词只能出现在名词前面，当前，量词可出现在名词之后，见下例：

（23）kai　hlaus　lang

　　　鸡　　两　　只

　　　"两只鸡"

二是原来黎语的指示代词［如 nei[55]（这）］只能放在数量名之后，现在的黎语也能接受指示代词位于量词前面的语序，见下例：

（24）a. ba　lang　ba　neix　　（传统的语序）

　　　　五　　个　　狗　　这

　　　　"这五只狗"

　　　b. dom　lang　duis　neix

　　　　六　　头　　牛　　这

　　　　"这六头牛"

（25）neix　dom　lang　duis　　（新发现的语序）

　　　这　　六　　头　　牛

　　　"这六头牛"

文明英、文京（2009）认为这种新语序是受汉语影响所致。值得一提的是，他们在该作的第四章提供了大量的黎语话语长篇资料，涵盖黎族故事、寓言、诗歌等方面内容。这些资料对今后系统研究黎语提供了很好的语料基础。

　　有些文献集中讨论黎语量词的产生、来源及发展演变等问题。如梁敏、张均如的《侗台语族概论》（1996）讨论了侗台语族量词产生的时间、产生的方式和发展问题。她们通过侗台语族 50 个最常用的量词对照表，从同源词对比的角度进行研究，从而得出侗台语族的量词至少在先秦时代就已经处在萌芽阶段。她们指出，黎语与侗台语族的其他语言可能在新石器时代晚期就分离了，所以黎语量词和其他语言的同源词很少，因此，她们认为在黎语和同语族其他语言分离时，量词还没有产生。梁敏、张均（1996）还指出，侗台语族的名量词产生方式主要是通过直接用名词本身做量词或者用和被修饰名词有关的名词做量词；动量词主要是用与该行为、动作有关的名词或时间名词做量词。黎语量词前置于中心名词的现象是量词在黎语中的一种特殊的发展，不属于侗台语族语言内部发展的规律，是长期受汉语影响所致。蒋颖（2009）对汉藏语系进行了多视角的深度研究，主要揭示了汉藏语系名量词起源、产生动因、产生机制等问题。黎语属于汉藏语系，此作中自然对黎语量词也有所涉及，但篇幅很少。

总而言之，黎语名词性短语研究还停留在传统语法描写阶段，因此学者们对这一论题的讨论普遍存在一些重叠的地方，鲜有文献从理论语言学角度研究黎语名词性短语的语法表现。我们认为，从形式句法学的角度探讨黎语名词性短语，能发现更多微妙的语言现象，为黎语研究提供新的研究视野。生成语法经过逾半个世纪的发展，越来越多的语言被纳入该理论体系研究，创造出丰富的形式语言学理论。其中不乏对一些所谓"边缘"的语言的讨论，如非洲班图语族，为生成语法理论构建提供了一些较好的例证。鉴于此，我们认为，把黎语名词性短语纳入生成语法框架下讨论，能从理论上对黎语名词性短语做出深入解释，也能在一定程度上推动形式句法学理论的构建。

第三节 黎语句法研究的意义

自索绪尔以降，语言学真正成为了一门现代科学，随后语言学研究逐渐从历史比较语言学的研究传统转变为语言结构、语言形式、语言功能和语言认知的研究，语言研究的视野因此变得越来越广阔。黎语自 19 世纪末就得到学者们的关注，并在 20 世纪中叶进入少数民族语言研究专家的研究视野。但是，以往有关黎语的研究还停留在历史比较语言学和描写结构主义语言学的研究范式下，未能吸收现代语言学的前沿理论与研究方法，因此，黎语研究的发展比较缓慢，我们对黎语的了解还不够深入。在这一背景下，我们认为从形式句法学的角度对黎语名词性短语做专题研究是非常有必要的。

形式语言学是一个讲求形式化的语言研究方向，在方法上，形式语言学采用科学的方式对语言提出形式化的解释，对语言的规则、原则等做形式化的抽象性概括（邓思颖，2003）。形式句法学是形式语言学的一个重要语法理论，乔姆斯基的生成语法从一开始建立就一直致力于追求人类语言的普遍语法，吸引了一批又一批的追随者。这种理论追求客观上要求越来越多的语言参与该理论的构建。经过逾半个世纪的发展，语言学家们把越来越多的语言纳入句法研究中去，不断促进和发展了句法理论。

对于名词性句法而言，英语语言的相关研究让生成语法学家们认识到，名词性短语的核心不是名词，而是限定词。这方面的理论设想得到其他西方语言研究的验证。例如，对罗曼语言的研究表明，名词性短语内部同样存在句法移位现象，这种发现为名词性句法研究开创了新视野。英汉名词性短语研究使我们认识到，量词语类和名词复数标记在语言中呈互补分布，因此两者可能是同一种句法功能的两种具体体现，都是满足名词的计数。近年来，国内不少学者开始关注汉语方言以及我国境内少数民族语言的形式句法研究（邓思颖，2003；刘鸿勇等，2013；刘鸿勇，2020 等）。但是，迄今为止，还未有学者从形式句法学的角度系统研究黎语。

语言学理论好比是一副放大镜，可以让我们窥见更细微的语言现象。因此，我们认为运用形式句法学理论对黎语名词性短语进行研究，能洞察黎语更微妙的语言现象，发现更多语言规律，进而丰富我们对黎语名词系统的认识。此外，黎语形式句法研究也能在一定程度上丰富形式句法学理论的研究。从这个角度来说，本研究具有较好的理论意义。

当前海南正在建设国际自由贸易港，海南本土文化的传承和发展是极重要的一环，黎族先人是最早聚居于海南岛的居民和开拓者，经过几千年的繁衍、发展，黎族同胞创造了丰富、繁荣的黎族文化，保护和挖掘黎语语言与文化资源具有重要的现实意义。但是，当前讲流利黎语的人口越来越少，黎语逐渐成为一种濒危语言。因此，为了保护与发展黎语与黎族文化，我们需要加大黎语研究的力度。把黎语纳入形式句法学的理论框架下研究，使黎语研究更具有生命力，让更多学者关注和了解黎语，毋庸置疑，这是黎语语言与文化保护工作的一个重要的举措。从这个角度来说，本研究具有较好的现实意义。

第四节　本书研究内容与方法

一、研究内容

本书提出一个名词性短语形式句法学理论方案，在此基础上系统考察黎语名词性短语。我们采用刘丹青（2008）对名词性短语的定语分类，从而把黎语名词性短语分为两大类，分别是内涵式名词性短语和外延式名词性短语。刘丹青（2008）从传统的语义功能角度把名词性短语内的定语区分为内涵定语和外延定语两种类型。内涵定语指名词性短语中心名词的修饰成分，包括形容词、关系从句；外延定语指的是涉及名词性短语指称、量化属性的成分，包括指示代词、量词、量化词、数词等成分。需要特别指出，从形式句法学的角度来看，外延定语本质上并非名词的修饰成分，而是功能语类中心语或功能语类中心语的标示语，例如汉语的指示代词，在我们的框架里被分析为限定词功能中心语 D。本研究采用内涵式名词性短语和外延式名词性短语的分类只是为了方便论述。

本书在前人研究的基础上，主要考察光杆名词的语义，名词的可数性，限定词 D 的指称，量词、数词，以及 DP 内部语序等问题，在此基础上我们提出一个名词性短语句法理论框架。我们把光杆名词定义为指谓属性，不区分单复数的根名词。句法上量词 CL 的投射产生可计数单位，满足计数条件，从而实现名词的计数。当根名词被另一个中心语 F_{mass}（物质名词解读的功能中心语）选择，则得到物质名词的语义解读。在此基础上，我们提出 CL 特征分解分析模型，以此解释量词语类 CL 的跨语言句法表现。理论框架的另一个重要论题是 DP 指称问题，其中涉及有定、无定、有指、无指以及类指等多个语义概念。但是，关于中心语 D 的语义功能问题，学界并未形成一个统一的认识。本研究把 D 视为指称性功能中心语，即凡是在现实中或在话语域内指涉某一对象的名词性短语都具有指称性，都是 D 的句法投射。沿用对量词的分析思路，本研究提出 D 特征分解分析模型，以此解释 D 的不同指称。此外，我们认为 DP 内部结构语序的跨语言差异乃 DP 内部补语移位和中心语移位所致。

基于以上理论框架，我们展开对黎语名词性短语的句法研究。在外延式名词性短语方面，我们重点考察了黎语指示代词短语，数+量+名短语，领有短语，量+名短语，光杆名词短语，复数标记 kun 以及双重量词短语等句法结构。为了解释黎语数+量+名+指短语，我们提出 DP 分裂说：D 分裂为 D_{Ref} 和 D_{Foc}，D_{Ref} 仍然是指称的节点，D_{Foc} 的语义功能是强调和确认，选择性特征[I.know]和[Y.know]在 D_{Foc} 上实现，D_{Ref} 只携带[Ref]特征。位于 D_{Foc} 补语位置的数+量+名短语移位至 D_{Ref} 的标示语位置，使 D_{Ref} 的投射可见，从而生成黎语数+量+名+指短语。关于名词性短语数量义解读，我们认为这是 M-算子对数+量+名短语的语义操作所致。黎语无论量+名短语还是光杆名词短语都存在有定解的用法，我们采纳中心语移位说来解释这两种结构的生成。具体来说，在有定量+名短语中，量词 CL 向限定词 D 位置移位；有定光杆名词短语实质上是中心名词 N 向 D 移位。对黎语名词复数标记 kun 的分析发现，kun 并不是真正意义上的复数标记，它的主要功能是标识有定性，表现强调和确认的语义功能，其生成位置是功能中心语 D_{Foc}。黎语双重量词短语和汉语一样，本质上也是一种分割短语 PartP。分割短语中心语 Part 选择一个 DP（CLP 是其补语）生成 PartP，量词选择 PartP 再次进行语义分割，形成另一个 CLP，随后 CLP 被另外的 D 选择，从而形成上一层 DP。

在黎语内涵式名词性短语方面，我们秉承制图句法理念，主要分析了黎语形容词短语和关系短语。我们认为黎语形容词基础生成于 NP 之上的某一功能词的标示语位置，这种分析法可以解释形容词叠加的严格语序。黎语形容词短语基本语序是 N+A，我们认为该语序乃句法移位所致。在黎语名词性短语中，只有形容词才可以构成重叠结构。我们提出功能中心语 Redup 的句法投射，其句法动因是实现"调量"，以此解释形容词重叠结构的生成。做定语的形容词重叠式和形容词单式一样，生成于 NP 之上某一功能中心语的标示语位置；做谓语的形容词重叠式生成于 TP 辖域内。此外，我们还讨论了黎语形容词三叠式结构，这种三叠式和学界迄今所关注和讨论的三叠式有本质上不同。关于黎语关系短语，我们同样沿用形容词短语的分析方法，认为黎语关系从句基础生成于 NP 之上的功能语类的标示语位置，这一功能中心语实际上是名物化功能中心语 Nom，被名物化的 CP 生成于 Nom 的标示语位置，与核心名词短语 NP 构成关系短语。基于这一基本假设，我们讨论了黎语前置型关系短语、后置型关系短语、无中心语关系短语的句法生成。

二、研究方法

（一）比较法

比较法是形式句法学研究的基本方法。本研究主要以汉语名词性短语作为参照，通过语料的对比分析，试图发现黎语名词性短语的类型学特征，为理论分析奠定基础。在理论分析方面，本研究在形式句法学理论的基本概念、基本假设和原则的基础上构建黎语名词性短语的形式句法理论，讨论黎语名词性短语的句法表现。

（二）田野调查法

学界对黎语的语法研究还不够丰富，对黎语语法结构的描写也不够充分，黎语名词性短语的专题研究就更加少见，特别是有关黎语的句法学研究仍是空白，所能获得的现成语料极为匮乏，因此，本研究采用田野调查法，深入黎族聚居地进行第一手语料调研、采集，对所获得语料进行标注、分类，为理论分析奠定坚实的基础。为了更好地传播黎文，本课题所涉及黎语语料全部采用黎文标注，辅以汉字作为对照。文中所引用的其他语言语料全部保留原文的标注，并给出中文译文（英语语料除外）。对于文献中用国际音标标注的黎语语料，为了统一标注，我们也把其改写为黎文标注。

（三）演绎法

本研究基于形式句法学理论的基本概念、基本假设和原则，运用演绎法分析黎语名词性短语的句法结构。

第二章 名词性短语句法理论

本研究所涉及的形式句法学理论是乔姆斯基在 20 世纪 50 年代创立的生成语法。本章首先对生成语法的理论与发展做一个简要介绍，然后提出一个名词性短语句法理论方案，为黎语名词性短句句法的讨论提供一个理论框架。该方案主要涉及光杆名词的语义，名词的可数性，限定词 D 的指称，量词、数词，以及 DP 内部其他语类范畴的语序问题。

第一节 生成语法理论与发展

生成语法从创立伊始就不断得到革新，经过大半个世纪的发展，已经形成系统的语言科学理论。生成语法是关于自然语言的科学研究，目的是解答人类语言知识的本质、来源和使用问题，并在此基础上，进一步研究和探索语言的生物进化问题。生成语法研究涉及语言、心智与大脑的本质和相互关系问题。生成语法认为语言是人类成员心智/大脑中的语言机能所呈现出的状态。语言机能具有其初始状态和稳恒状态；初始状态是普遍性的，为人类成员通过生物遗传所共同拥有，也称为普遍语法。在具体语言经验的引发作用下，初始状态生长成熟为个体性的稳恒状态，称为具体语法（参阅 Chomsky，1980，1986，1995）。

生成语法所构建的关于语言知识的理论，是内在于心智/大脑中的语言机能及其运算表现的理论，不是关于语言行为及其产品的描写。因此，该理论一直追求的就是用形式化的手段，构建可以被人们所理解的关于语言机能的理论。生成语法关于人类语言知识的研究包括以下 5 个问题：（1）语言知识的本质是什么？（2）语言知识是如何获得的？（3）语言知识是如何得以使用的？（4）与语言知识有关的大脑机制是什么？（5）语言知识是如何在人类大脑中进化而成的？（参阅 Chomsky，1988，1995；吴刚，2006）。

人类个体成员的内在性语言体现为一套数量有限的语法原则和规则。这些有限手段以运算和表现的方式，得以无限的使用（the infinite use of finite means），这就是问题（1）所关注的人类语言知识的本质。问题（2）回答的是具体语法和普遍语法的关系问题。生成语法认为，普遍语法体现为一些数量有限的原则，或者说是条件和限制，人类儿童语言知识获得的过程就是在普遍语法所给定的原则性发展蓝图的基础上，通过语言经验的引发作用而设定参数值的过程。问题（3）提出的语言知识的使用问题，涉及语言机能与其他与之有关的心智大脑器官的相互关系。问题（4）涉及语言机能的物质基础和表现形式。生成语法对于语言机能这一心智器官及其特征和表现的研究，是在抽象的水平上对大脑有关物理机制的研究。关于问题（5），即语言机能的生物进化的研究。一般认为语言机能是在人类经过长时间的进化过程后，在最近数万年内而形成的；语言机能，特别是其运算表现的递归性和无限分离性，是人类语言区别于其他动物种类交际系统的根本标志。关于语言机能的进化问题目前有两种观点，一种是达尔文意义上的自然选择的结果；另一种观点认为语言机能是通过一次可以称为"大飞跃"（great leap forward），也就是遗传基因的突然变异而产生的（见 Chomsky，2005，Berwick & Chomsky，2016）。

基于普遍语法和具体语法的理论设想，20 世纪 80 年代初期，生成语法正式形成了原则与参数的研究范式（principles and parameters approach，PPA）。这种研究范式使生成语法在根本上区别于任何范式的语言学研究。普遍语法的原则是人类语言共通的原则，各种语言之间的区别在于与原则有关的参数在取值方面的差异。原则与参数研究范式吸引遍布世界各地的生成语法学者，以不同的语言参与研究，致力于该理论的构建。

通过对人类语言普遍性原则的揭示，语言学家发现，不同语言之间的区别并没有以前想象的那么大，只不过数量有限的参数取值的不同。原则参数方式是消解描写充分性和解释充分性之间张力的最好的途径。在原则和参数研究方式的前期阶段，关于 X-bar 句法图式、管辖、约束和控制等理论原则及其相关参数的研究，激发了众多研究者的兴趣。生成语法研究，无论是在广度和深度上，均取得了前所未有的成就。

生成语法研究的内在性语言的构成主要包括一个词库和一个运算机制系统。运算提取词库中的词汇项目，通过必要的操作，生成内在性的语言表达式，并随之将其传递给思维活动的"概念意向"（conceptual-intentional）界面（C-I）和参与语言表达式外化的系统所形成的"感觉运动"（sensory-motor）界面（S-M），最终实现言语交际（Chomsky，2004）。

生成语法一直秉承的生物禀赋观自然会激发人们对语言官能演化问题的关注，因此生成语法研究逐渐进入生物语言学的研究视野。实际上，有关生物语言学的观念早在 20 世纪 50 年代就已经得到一定程度的研究（Chomsky，2005；Jenkins，2000）。Chomsky 始终将生成语法视为认知心理学，最终是人类生物学的组成部分。这一学科归属说明了生成语法研究的生物语言学性质。语言机能是心智器官，同时也是生物器官。研究语言机能的生成语法，就是生物语言学。

生物语言学为语言演化问题提出了方案，主要围绕着两个基本问题：1）为什么存在语言？2）为什么有多种语言？这两个问题抓住了性状的源起与变异的基本问题，也抓住了语言中共性与个性的关系问题。对于第一个问题，Chomsky 等学者认为在距今 20 万—8 万年左右的区间里，现代人某个个体经历一次小的基因突变，导致脑神经网络的一次"改线"（rewiring），连接了若干关键脑区，形成完整的计算系统。对于第二个问题，Chomsky 等学者将其归因于语言的外化：语言在出现后的某个阶段与感知-运动系统实现了连接，从而使语言被征用为交际工具，语言的多样性也就随之产生。（参阅 Berwick & Chomsky，2016；程工、沈园，2022）

在后来的生成语法理论探索中，人们发现原则与参数理论把过多的内容放到普遍语法中，使普遍语法内部过于繁杂，无论从儿童语言习得还是从生物语言学视角来看，都存在很大弊端。"普遍语法的内部复杂度越高，其可演化性就越低，过于复杂的普遍语法为解答语言起源问题造成障碍，也与现代生物学的基本原理相悖"（程工、沈园，2022：14）。20 世纪 90 年代，乔姆斯基等学者们试图彻底简化原则与参数理论，最终导致生成语法的"最简方案"的诞生。最简方案的第一个含义是"方法最简论"，即对理论简约性的追求；第二个含义指语言官能是简约、经济的。早期最简方案消除了原则与参数理论阶段 D-结构与 S-结构，只保留逻辑式和音系式，消除非必要表征符号，引入经济原则，消除内部模块与不必要的概念。近期最简方案主张

"强式最简命题"，即认为所谓最简的"语言官能"仅是将人脑里"音"所在的发音感知运动系统和"义"所在的概念意向系统这两个独立于语言官能外部的器官连接起来，因此它必须遵守的条件只有接口条件。此外，近期最简方案还进一步优化了语言分析机制，引入一致操作、语段推导、加标等句法机制（参阅程工、沈园，2022）。

生成语法的句法研究主要分为动词性句法（verbal syntax）和名词性句法（nominal syntax）。相比较而言，动词性句法研究颇受研究者关注，动词性句法的研究总是先行一步，名词性句法研究紧随其后。最简方案提出以来，为生成语法理论的新发展指明了方向，但正如·"方案"一词所指的那样，最简方案只是一个纲领性的框架，并非成型的理论模型，因此具有很强的开放性和包容性。近些年来，国内外学者在最简方案的框架内做了很多积极的、富有建设性的讨论，取得丰硕的成果。但是，关于名词性句法，最简方案还未能提供较为成熟的分析方案，有许多问题仍需进一步探索。鉴于此，本研究的理论框架主要基于限定词短语 DP 分析模式，暂不涉及最简单方案的最新分析机制。

第二节　名词性短语

名词性短语是一个包含各种成分的句法实体。顾名思义，名词性短语的主要成分是名词。名词的句法和语义特征，决定了整个名词性短语的名词性特征；也就是说，名词性短语中的每一个成分，都具有名词性特征。除了名词外，冠词、代词、数词、量化词、量词、形容词和关系分句，也可以参与名词性短语的构成。在此，所谓的限定词是一个综合的概念，可以包括所有修饰和限制名词中心语的词语类别。这些名词以外的词语类别，在不同语言中有不同的形态和句法表现。

名词是一个概括性的范畴。具体而言，名词大体分为普通名词和专有名词；普通名词又分为可数名词和不可数的物质名词。在形态发达的语言中，普通名词在性、数、格和人称方面，都具有一定的形态表现。在不同的语言中，各种名词在用作名词短语中心语时，与限定词之间存在复杂的搭配关系。

在西方语言中，一些语言有冠词，如英语、法语和德语等；但也有一些语言没有冠词，如拉丁语、俄语、波兰语、塞尔维亚语和克罗地亚语等。汉语和日语等东方语言一般缺少冠词。有些语言中的冠词是自由语素，如英语、德语、法语等；有些语言中的冠词是附着语素（clitics），附着于名词之上，如罗马尼亚语、阿尔巴尼亚语、冰岛语等。在阿尔巴尼亚语中，作为附着语素的冠词，还可以附着于形容词。即使作为自由语素，冠词也不能独立地使用，只能与其所修饰的名词一道出现于句法实体中。与出现于名词性短语中的其他语类相比，冠词不具备词汇语义内容。代词，意为名词的替代词，为一般语言所具有。其中的人称代词，一般代替名词充当名词性短语的中心语，而且通常不与其他限定修饰语共现于名词性短语之中。指示代词既可代替名词中心语，也可用于修饰和限定名词中心语。在缺少冠词的语言中，指示代词往往发挥冠词的作用。数词和量化词也是每种语言都具有的语类。一般认为，量词系统是汉语一类的亚洲语言所特有的，量词也具有某些冠词的作用。在西方语言中，只有一些物质名词需要使用某些形式的量词或者单位词，以表示某种程度或形式的计数。这些限定修饰性语类在名词性短语中的使用，其目的在于赋予名词以具体的指称意义。对于名词而言，形容词和关系分句是选择性的，所以不少学者把它们称为嫁接语。但是，形容词的叠加使用存在相互之间的语序问题，这给嫁接语分析构成一些威胁。因此，本研究摒弃形容词嫁接语分析方法，主张形容词和关系短语生成于功能中心语的标示语位置。

　　在与名词中心语一道构成名词性短语时，上述各种语类在选择搭配和词语顺序方面，在不同的语言中存在不同的表现。在有些语言中，名词中心语在前，限定修饰语居后；在另外一些语言中，则限定修饰语在前，名词中心语居后。在一些语言中，不允许冠词与代词的同时使用，如英语等；而在另一些语言中，却允许这种共现，如匈牙利语、希腊语和意大利语等。有些语言中，还存在定冠词的双重使用，如希腊语、希伯来语、挪威语、阿尔巴尼亚语和罗马尼亚语等。在有些语言中，名词中心语不同的格，要求不同形式的修饰限定词。关于这些搭配和语序在原则与参数方面的问题，构成了名词性句法研究的主要内容。

　　简言之，在本研究中，名词性短语是比名词短语范围更广的概念，它包含各种成分的句法实体。名词性短语的另一个重要概念是限定词，广义上来讲，它包括所有修饰和限制名词中心语的词语类别。这些词语类别，在不同语言中有不同的形态和句法表现。但就本研究而言，限定词指的是名词性短语的最大投射中心语，其语义功能是承载名词性短语的指称义。

在形态发达的语言中，普通名词在性别、数、格和人称方面，都具有一定的形态表现，但在汉语这一类的形态不发达的语言中，普通名词没有这些形态表现。如何从一个普遍意义上来阐释名词跨语言上的差别？这是名词性短语研究的另一个关注点，也是本研究重点论述的内容。以汉语为例，例（1）中下划线部分皆是名词性短语，在句子中充当谓语动词的论元，形式上丰富多样，语义上的表现也各有不同。名词性短语还可以充当谓语，构成名词谓语句。

（1）a. 苹果熟了。

b. 有三个学生在教室里学习。

c. 那三个学生获了奖。

d. 我想去买本书。

e. 我想买那本。

f. 我的英语老师是黎族人。

g. 他们帮助我学习语言学。

h. 所有的学生今天务必提前到学校。

i. 昨天领奖的学生是我姐姐。

在人类语言所有的词语类别中，动词和名词是最为主要的，二者的句法结合，构成最基本的语言表达式，表达最基本的逻辑语义命题。名词和动词的范畴对立是人类语言的一个普遍现象，较早就为人们所注意，对这一现象的认识可以追溯到亚里士多德。亚里士多德认识到时间性是动词和名词的根本分殊，动词有时间性，名词没有时间性（陈嘉映，2006：7）。名词和动词范畴对立的这种认识自然也体现在语言学的具体研究中。就动词与名词之间的关系而言，在句法方面，动词充当中心语，支配一定数量的名词性短语，构成句法管辖关系；在语义方面，动词充当谓词，选择一定的论元，形成论元结构（argument structure），论元则由名词性短语充当。在选择论元的同时，动词谓语赋予名词性短语题元角色（thematic roles），如施事、受事、主题和工具等等。

早在生成语法创立之初，句法学家们就注意到名词性短语和动词性短语的平行关系。以动词为中心语构成的句法实体 VP 以及由功能语类扩展而成的句法实体 TP 和 CP，本质上属于动词性，与之有关的生成语法研究称为动词性句法。由名词为中心语构成的名词性短语具有自身复杂的内部结构，也得到生成语法学家们的关注。动词性句法研究和名词性句法研究之间并行类比研究的目的，在于构建一种统一的理论模式，以描写和解释人类语言的普遍性特征。这种构建统一理论的努力，明显开始于原则和参数以及初期 X-bar 短语图示的提出和深入研究。在名词性短语的句法研究方面，生成语法先后提出两种理论模式：前期理论阶段的"名词短语分析"模式（NP）和原则与参数理论阶段的"限定词短语分析"模式（DP）。名词短语 NP 分析模式认为名词性短语是名词 N 的投射，N 是名词性短语的中心。DP 分析模式认为名词性短语是功能语类的投射，限定词 D 是名词短语的中心，名词是限定词 D 的补语。在后面的论述中，我们将基于 DP 分析模式，探讨光杆名词的语义、DP 内部句法结构以及 DP 的指称问题。在此基础上，我们提出一个名词性短语理论方案，为黎语名词性短语句法讨论提供一个分析框架。

第三节　名词性短语 DP 分析模式

Chomsky（1975）的《语言学理论的逻辑结构》（*The Logical Structures of Linguistic Theory*），和 1957 年出版的《句法结构》（*Syntactic Structure*）标志着生成语法的正式创立。早期生成语法提出短语结构规则，又称为改写规则（rewriting rules），语言表达中无限的短语结构都是由有限的短语结构规则运算生成，实现人类语言"有限手段的无限使用"（the infinite use of finite means）这一本质特征。短语结构规则如下例所示：

（2）(i) Sentence → NP + VP

(ii) NP → T + N

(iii) VP → Verb + NP

(iv) T → the

(v) N → man, ball, etc.

(vi) Verb → hit, take, etc.

（Chomsky，1957：26）

例（2ii）显示，名词短语 NP 由 N 与前置修饰成分 T 构成，T 代表冠词为代表的限定词。在名词短语中，中心语由名词 N 充当，限定词 T 起限制和修饰的作用。这一短语规则可以用树形图表示如下：

（3）

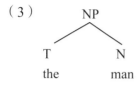

在早期的研究中，人们对名词前置修饰成分的关注只限于冠词，但是，除了冠词以外，指示代词、物主代词、名词所有格形式等等，也可以出现在同样的位置。后来的研究者逐渐统一将这些词视为同一类，统称为限定词语类（Category of Determiners），用缩略形式 Det 来代表，如下例所示：

（4）*Det → a, the, this, that, these, those, my, your, his, her, its, our, your, their, John's*

Chomsky（1965）对限定词 Det 进行了归类和分析。在英语中，在以人称代词或者指示代词以及专有名词为中心语构成的名词短语中，一般是不需要限定词的。在以物质名词和普通复数名词为中心语构成的名词短语中，限定词的使用是选择性的。只有在以普通单数名词为中心语构成的名词短语中，限定词的使用才是必须的。因此，名词短语 NP 的改写规则可以表示如下：

（5）(i) NP → (Det) N

(ii) NP → PN

规则（5i）表示限定词在名词短语中的出现是选择性的；（5ii）表示，名词短语可以由人称代词构成。除了冠词等限定词以外，其他一些语类如量化词、数词、形容词和关系从句可以充当名词中心语的修饰成分，其使用也是选择性的，如下例所示：

（6）NP → (Det) (Num) (Q) (Adj) N（S）

限定词和其他修饰成分都统一被分析为名词中心语 N 的标示语，不具有独立句法投射的能力，人们把这种名词性短语分析模式称为 NP 分析模式。Jackendoff（1977：104）将英语名词短语标示语分为 3 类。

（7）a. demonstratives（指示代词）：the, this, that, those, which, what, a, some

　　b. quantifiers（量化词）：each, every, any, all, no, many, few, much, little

　　c. numerals（数词）：cardinals, a dozen, a couple, a few, a little

限定词作为名词短语标示语的分析可以用树形图表示如下：

（8）

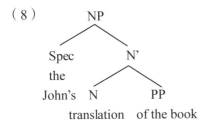

（Coene & D'hulst，2003：1）

　　在后期的研究中，学者们发现这种分析存在许多漏洞。例如定冠词是封闭的功能语类，却和一个完整的短语如领有短语、形容词短语一样，位于 N 的标示语位置。这种设想显得不太合理。最早提出名词功能中心语设想的学者是 Brame（1982），他指出，把 N 视为名词短语的中心语的想法是错误的，名词短语应该是限定词短语 DP，而不是 NP。Brame 认为，就像介词 P 对于 PP，标句词 C 对于句子那样，限定词是名词短语的中心语（参阅 Coene & D'hulst，2003）。Brame 给出结论如下：

　　　　我将进一步建议，语言学家们的缩略形式 NP 是有误导的。既然限定词 Det 是名词的中心选择语，即 Det（N），或者用传统术语而言，既然限定词 Det 是名词短语 NP 的中心语，而并非如习惯所认为的是名词 N，那么最好是将 Det（N）简略为 DP，而非 NP，并且谈论限定词短语，而不是名词短语。

（转引自 Coene & D'hulst，2003：2）

　　这种关于 D 是名词性短语中心语的认识，从根本上讲，是与生成语法开始着重于功能语类的研究是分不开的。根据原则和参数研究的有关主张，人类语言之间的区别主要在于功能语类方面的差异。基于 X-bar 短语图示的理论设想，在动词性句法的研究中，表示时态和事件的屈折形态特征 Inflection/I 和表示语气和句式的标句词 Complementizer/C，首先被确立为主要的功能语类。作为中心语，I 选择动词短语 VP 为其补语，生成中间投射 I'，其标示语位置为充当句子主语的名词短语 NP 所设置，最大投射 IP 取代了先前理论模式中的句子 S。C 选择 IP 为其补语，生成中间投射 C'，其标示语为提升移位而来的疑问词短语等提供着落位置，最大投射 CP 取代了先前理论研究中的超级句子 S'。功能语类 I 包括时态特征 T 和一致特征 Agr；在英语中，其成员除了为数很少的屈折构形词缀外，还有词汇性成分 to 和情态助动词。C 的成员构成，就英语的情况而言，包括 that, if, for 等（参阅 Chomsky，1981，1986）。

关于 DP 模式分析的研究，主要是与 IP 和 CP 类比研究发展而来的。首先，名词性短语中的限定词 Det，与句子结构中的屈折形态 Infl 相比较，被认为具有类似的语义特征和句法功能。词库中的名词，通过其所具有的内涵意义，抽象性地代表一类人或事物。然而，一旦被选择进入句法运算，生成有关的名词性短语，其具体所指即外延意义，必须依赖有关的限定词得以体现。与之相类似，屈折形态 Infl 的语义句法功能，在于帮助进入运算的动词，实现在具体的语言表达式中时、体方面的表现，以明确表达现实世界中的动作、行为和事件。

系统发展 DP 假说的是 Abney（1987），他认为名词短语是功能语类的投射，限定词 D 是名词短语的中心，名词是限定词 D 的补语。按照 Abney（1987）的观点，一个语义投射由一个词汇最大投射以及在它之上多个功能最大投射构成，这些功能投射之间再无其他词汇性中心语的插入。词汇性中心语被称为语义中心语，功能中心语属于范畴中心语。Abney（1987）把限定词和句子屈折功能词 I 做类比讨论，限定词从名词的外延中挑选出特定的成员来确定名词短语的指称，I 在动词结构中的语义功能与此类似，例如，I 锚定动词事件的时间。在领有短语中，领有名词是名词短语的主语，领有词素位于中心语 D 的位置，D 把属格赋予名词短语的主语［例（9）］，这与 I 把主格赋予句子主语的句法表现一样。

（9）

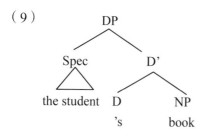

（Coene & D'hulst，2003：2）

总而言之，在"限定词短语分析"模式中定冠词为首的限定词被视为中心语；在 NP 模式分析中定冠词为首的限定词被视为标示语。这是两种分析模式的本质不同。根据 Abney（1987）的主张，句法结构中的所有名词性短语都应该分析为限定词短语，也就是说，在理论上完全以 DP 模式分析代替以前的 NP 式分析。名词短语 NP 只是作为限定词短语 DP 的组成部分即补语而存在，出现在句法结构分布位置上的都应该是可以包含 NP 的 DP。

把名词性短语分析为功能中心语投射的设想很好地阐释了名词性短语和句子之间的平行关系，实现了句法理论上的统一性。DP 假说提出后被句法学界广泛接受，基本上不存在什么争议。按照这样的思路，名词性短语显然可以分化为 DP 和 NP 两种不同的名词性句法投射。作为功能中心语，限定词语类 D 除了具备与 C 和 I 类比而言的一般功能语类的特征外，究竟还具备什么具体的语义特征和句法功能？这是名词句法研究需要回答的主要问题。随着研究的深入，生成语法学家们逐渐认识到，作为功能中心语的限定词 D 具有指称性语义特征，使名词性短语成为论元。换言之，限定词 D 将其所选择的名词短语 NP 转化为论元，从而具有指称性。换言之，充当论元的是 DP，不是 NP；NP 指谓属性，是谓词成分。进一步说，所有做论元的名词性短语，无论有无显性的限定词（如定冠词），都应该被分析为 DP 短语。这样一来，我们就不得不接受空语类 D 的存在。也就是说，下例中两个名词性短语都是 DP 最大投射。其中，例（10a）中 the books 是一个显性的 DP，定冠词 the 位于 D 的位置；例（10b）中 books 含有一个空语类 D。这种差异在例（11）的图中一目了然。

（10）a. *The books* are great.

b. *Books* help us live more fully.

（11）

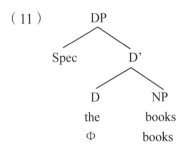

Longobardi（1994）是一项关于名词性短语内部结构句法操作的重要研究。Longobardi 通过意大利语名词短语的讨论，明确指出，只有 DP 才能充

当论元。他发现在意大利语中，专有名词前允许定冠词存在，如例（12b）所示：

（12）a. Gianni mi ha telefonato. （意大利语）

　　　　Gianni me call up

　　　　"Gianni 打电话给我"

　　　b. Il Gianni mi ha telefonato.

　　　　the Gianni me call up

　　　　"Gianni 打电话给我"

这里产生的问题是，相比较（12b）的名词性短语，（12a）中专有名词 Gianni 所占据的句法位置究竟是专有名词的位置，还是定冠词 il 的位置？ Longobardi（1994）认为 Gianni 基础生成于名词中心语 N 位置，然后向空 D 移位获得指称，满足充当论元的条件。这就是所谓的"N 向 D"移位。 Longobardi（1994）的研究进一步论证了 DP 假设的合理性，DP 框架随后也得到语言学家们的广泛认可。Longobardi（1994）的研究重点表明，限定词短语 DP 充当论元，名词短语 NP 自身不能充当论元，作为补语被显性或隐性限定词选择后，才能出现在论元的位置上。但是，英语等日耳曼语存在与意大利语相悖的语言事实，如下例（Longobardi，1994：628）所示：

（13）a. Old John came in

　　　b. *John old came in

例（13）名词性短语 old John 同样作为论元，本应是 DP，而不是 NP。语言普遍性一直是生成语法家们的追求，因此，为了理论的统一，Longobardi（1994）设想英语中也存在"N 向 D"移位，但是英语这种移位仅是在逻辑式层面①发生。然而，在意大利语中"N 向 D"移位发生在表层结构。

　　名词性短语从 NP 分析模式发展为 DP 分析模式，显示出更强的理论解释力，为名词性短语研究提供广阔的理论视野。DP 分析模式的提出和发展是基于西方语言的，但是，生成语法一直秉承语言普遍性的理论精神，其理论当然要面向不同的语言。汉语一类的东南亚语言虽然缺乏西方语言意义上的典型的冠词语类，但是，不可否认，这些语言同样具有 DP 结构。只是，关于 DP 短语的功能中心语由什么词类充当，学者们有不同的看法。Cheng

---

① 关于逻辑式层面移位参看到 Huang（1982）。

& Sybesma（1999）认为汉语类语言中的量词，在语义和句法功能方面，类似于英语类语言中的限定词（定冠词）。他们的理由是汉语方言广州话主语位置上的量+名短语产生有定的语义解读。循着这样的分析思路，Cheng & Sybesma（1999）采纳 Longobardi（1994）的名词性短语内部句法移位说，认为汉语有定光杆名词实质上是名词中心语 N 移位至量词中心语的位置 CL，也就是"N 向 CL"移位。

把量词功能等同于定冠词的设想，从根本上来说，其动因是把 DP 短语等同于有定短语，本研究不同意这样的分析，我们认为 DP 具有更为宽泛的语义功能，凡是具有指称性的名词短语都是 D 的投射。指称性包含诸多语义解读，分别是有定（definite）/无定（indefinite），有指（specific）/无指（non-specific），以及类指（generic）。有定/无定以及有指/无指的语义解读和 D 携带的选择性特征有关，类指的解读是类指算子约束使然。我们同样接受 Longobardi（1994）名词性短语内部句法移位说，但是，按照我们的分析方案，有定量+名短语实质上涉及"CL 向 D"移位，有定光杆名词涉及"N 向 D"移位。我们的分析把名词性短语的指称义统一归为 D 的语义解读，这样的思路符合生成语法对理论最简性和普遍性的追求。在后面的理论讨论中，我们会多次提及这点。这样的理论设想将贯穿于黎语名词性短语句法分析的整个过程。

第四节　光杆名词的语义

光杆名词一般指不带任何修饰成分或没有任何扩展投射的名词（单数或复数），如下例所示：

（14）a. 熊

　　　b. bear(s)

关于光杆名词的语义，学界主要有两种主张，一是认为光杆名词默认指谓种类，二是认为光杆名词默认指谓属性。为了方便后面的论述，我们把前一种主张表述为类指分析（kind-denoting analysis），后一种主张表述为属性分析（property-denoting analysis）。最早提出类指分析的语言学家是 Carlson（1977a，1977b），他认为光杆复数名词前的零冠词不是不定冠词 a 的复数形式，也不可能等同于一个弱读的量化词 sm[①]（some）；光杆复数名词和带有显性标记的类指名词短语有同样表现。鉴于此，Carlson 认为光杆复数名词可视为表种类的专有名词，种类是一种特殊的个体。Carlson 用一系列的语言测试来论证他的观点。一个常见的测试是考察光杆复数名词的语义辖域。下例显示，光杆复数名词总是占窄域。

（15）a. Miles wants to meet a policeman.

b. Miles wants to meet policemen.

（Carlson，1977b：8）

具体说来，（15a）中带有不定冠词的名词性短语 a policeman 既可以指特定的某一位警察（宽域解读），也可以泛指任何警察（窄域解读）。然而，（15b）中的光杆复数名词 policemen 只能泛指任何警察（窄域解读）。名词/名词短语的宽域和窄域的两种解读可以用语义公式表述如下：

（16）a. (∃x) (policeman (x) & Miles wants (Miles meet x))（宽域）

b. Miles want ((∃x) (policeman (x) & Miles meet x))（窄域）

同样，带有弱读量化词 sm 或者其他量化词的名词性短语也具有以上两种解读，见下例：

（17）a. Miles wants to meet sm policeman.

b. Miles wants to meet twelve/all/many/several/most policemen.

（Carlson，1977b：9）

此外，否定词来测试也表明光杆复数名词总是得到窄域的语义解读。例如，例（18a）中带有不定冠词的名词性短语 a spot 既可以在否定词的辖域内得到解读（窄域解读），即约翰看不到任何污迹；也可以在否定词的辖域外得到解读（宽域解读），即约翰看到许多斑点，唯独没看到特定的某一个斑点。然而，例（18b）中的光杆复数名词 spots 只能在否定词的辖域内得到解读（窄域解读），即约翰完全看不到任何斑点。

（18）a. John didn't see a spot on the floor.

b. John didn't see spots on the floor.

以上讨论表明，光杆复数名词的语义不同于带冠词的名词短语。此外，Carlson（1977b）发现带有显性类指标记的名词短语（如 this kind of

---

① Carlson（1977b）用 sm 来表示弱读量化词，以此和 some 区分开来。

animal）在辖域上与光杆复数名词表现类似。鉴于此，他主张光杆复数名词默认指谓种类。但是，Carlson（1977b）的类指分析不具有语言普遍性，不能解释许多跨语言现象。从跨语言来看，我们无法把类指归为某一特定的结构，因为多种名词性短语皆可表类指，见下例：

（19）a. All men like peace.

b. A large dog is (often) hard to raise.

c. The dog is a mammal.

d. 一个人应该诚实。

e. Die Biber bauen Dämme. （德语）

the beavers build dams

"海狸筑坝。"

（Longobardi，1994：653）

从上例可见，无论是携带量化词，还是携带定冠词、不定冠词的名词性短语都可以表达类指义。值得注意的是，在意大利和西班牙语中，光杆复数名词不能表类指，必须借助于定冠词方可表达类指。例（20a）和例（21b）不合法是因为光杆复数名词前缺少了定冠词。

（20）a.*Elefanti di colore bianco sono estinti. （意大利语）

elephants white-colored become have extinct

"白色大象已经绝种了。"

b. Gli elefanti di colore bianco sono estinti.

the elephants white-colored become have extinct

"白色大象已经绝种了。"

（Cohen，2007：63）

（21）a. En la India se están extinguiendo los tigres. （西班牙语）

In the India se are becoming-extinct the tigers

"老虎在印度逐渐要绝种了。"

b. *En la India se están extinguiendo tigres.

In the India se are becoming-extinct tigers

"老虎在印度逐渐要绝种了。"

（McNally，2004：118）

此外，在希伯来语和印度语中，光杆单数名词也可以表类指，见下例：

（22）Namer　hit'ara　kan,　aval　arye　lo.　（希伯来语）

tiger　struck-roots　here,　but　lion　not

"老虎在这里是土生土长的动物，狮子却不是。"

（23）Namer　ve　arye　hem　minim　qrovim.　（希伯来语）

tiger　and　lion　they　species　related

"老虎和狮子是情缘物种。"

（24）kutta　aam　jaanvar　hai.　（印度语）

dog　common　animal　be-PRES

"狗是常见的动物。"

（Doron，2004：3）

在汉语中，不仅光杆名词可以表类指，数量名短语也可以表类指。在北方方言中，指示词+名词也可以表类指。更为特别的是，在吴方言中，量名短语也能表类指①。请看下例：

（25）a.男人不轻易哭。

b.一个男人，不要轻易哭。

c.这男人呀，不会轻易哭的。　（北方方言）

d.个男人勿会轻易哭。　（吴方言）

（刘鸿勇，2020：70）

综上所述，类指没有一个专属的结构来表示，假如设想光杆名词复数默认指谓类指，就需要解释其他表类指的结构是如何可能的，这在技术操作上会遇到很大的困难。对此问题，学者们主要诉诸一套语义操作来予以解决，但也同样存在一些问题。Chierchia（1998）认为只有光杆不可数名词才默认指谓类指，他提出一种类衍生述谓规则（DKP），以此实现不同语义类型的转换，进而和谓词匹配。Chierchia 认为光杆复数名词表示类指，此间经历了一次下向（'∩'）语义转换操作，同时引入一个存在算子，来约束个体变量。个体谓词需要表属性的名词与之匹配，类指名词经过一次上向语义操作即转化为属性，同时引入一个类指算子，来约束个体变量。表属性的名词的语义操作如下例所示：

（26）a. Dogs are barking

---

① 我们暂不区分类指和通指。

b. DOG → DOGS → ∩DOGS → ∪∩DOGS → ∃∪∩DOGS

　　　pluralization　　type requirement　　DKP-rule　　DKP-rule

如上所示，Chierchia 设定一种语义转化算子来解决光杆名词与谓语语义匹配问题。但是，这种语义转化太过随意，它不受类型逻辑不匹配的驱使，而是纯粹从概念的角度来把握。就像 Zweig（2008：74）所言："在句子 Dogs barked outside my window last night 中，dog 之所以绝不会指'作为一个物种的狗'，只能是百科全书知识所致。"此外，KDP 的类型转化太过复杂，有些步骤，例如（26b）中第二个步骤的类型转化操作缺乏动因，原因是谓词 barking 根本无需一个类指的对象（Krifka，2004）。

　　李旭平（Li，2011）同样持类指分析的观点，他主要通过类指语境、同位语和辖域表现几个方面来对此论证。如下例所示，既然海豚和蓝鲸是光杆名词"鲸"的子类，那么在这样的语境下，"鲸"自然是表类指。

（27）a. 海豚和蓝鲸都是鲸。

　　　 b. 海豚和蓝鲸是两种鲸。

　　但是，这种设想会导致语义上不匹配，具体说来，系词"是"引导的是谓词结构，因此"是"后面的名词理应是语义类型<e, t>，上面设想中光杆名词"鲸"是类指，语义类型自然是<e>，这就会造成语义不匹配。为了解决这个问题，李旭平（Li，2011）借用类型转化操作来解决这一问题，即例（27）中"是"后面的名词"鲸"为了和谓词结构匹配而进行语义转化，即从<e>转化为<e, t>。李旭平（Li，2011）进而认为汉语的系词"是"具有诱发语义转化的功能。当系词"是"后面是带有数量词的名词性短语（如"他是一名老师"），就不会诱发语义转化。这种主张的缺点是：系词"是"的语义转化功能太过随意，有时诱发语义转化有时候又不需要。此外，我们也不难发现，明显具有类指的名词却不能出现在系词"是"之后，见下例：

（28）a. *汽车是车辆。

　　　 b. *渔船是船只。

"车辆"和"船只"作类指义[①]解，因为该词语不能指涉个体，例如我们不能说"一辆车辆"和"一只船只"。既然"是"可以进行语义转化，完全可以把"车辆"和"船只"转化为<e, t>语义类型，但为何例（28）中"车

---

① 也有学者认为是集体名词，如赵元任（1968）。

辆"和"船只"不能出现在"是"之后？鉴于此，我们认为光杆名词默认指谓属性更为合理。汉语连词"兼"能很好地测试出名词的语义类型，例（29）中"老板"和"秘书"由"兼"连接，理应是表属性的<e, t>语义类型。

（29）他是老板兼秘书。

Krifka（2004）指出光杆名词类指分析法无法解释在例（30）中，为何同样可以表类指的光杆名词和有定单数名词在情景性句子中有完全不同的句法表现。

（30）a. The potato rolled out of the bag.

b. Potatoes rolled out of the bag.

（Krifka，2004：5）

当有一些马铃薯从包里滚落出来，例（30a）是完全不能使用的，例（30b）却是自然的表达。另外一个问题是 Carlson（1989）自己发现的，他由此甚至怀疑自己之前的理论。在例（31）中，按照类指分析法我们只能得出解读 i；只有当 hurricanes 被视为一个无定名词短语，才能得出解读 ii，而这种句法表现和无定单数名词短语是一样的。我们可以看到，在例（32）中光杆名词复数 Frenchmen 和无定名词单数 a Frenchman 都能有两种解读。

（31）Hurricanes arise in this part of the Pacific.

i. 'For hurricanes in general it holds: They arise in this part of the Pacific.'

ii. 'For this part of the P. it holds: There are hurricanes that arise there.'

（32）a. Frenchmen wear berets.　　b. A Frenchmen wears a beret.

i. For Frenchmen in general it holds: They were berets.

ii. For berets in general holds: They are worn by Frenchmen.

（Krifka，2004：5）

Krifka（2004）指出，一方面光杆名词复数不能解读为无定名词短语的复数形式，因为它们不能获得广域的语义解读，另一方面同样有证据表明并非所有的光杆复数名词都指谓种类，相反，光杆复数名词往往表现出和无定名词短语很多相似的属性。鉴于此，Krifka（2004）认为光杆名词既不是类指短语也不是无定短语，类指和无定指都是受到语义压制（coerced）而得，这种压制即是 Chierchia（1998）意义上的语义类型转化。但是，Krifka（2004）认为 Chierchia（1998）的分析存在一些问题。在 Chierchia（1998）

的研究中，类指光杆名词的产生实际上经过两次语义操作，首先对单数可数名词进行复数化（PL）操作，然后再进行类型转化操作'∩'。Krifka（2004）指出这种 DKP 语义类型转化太过复杂，并且有一些操作缺乏合理的动机。例如光杆名词的无定用法［例（33）］里面涉及好几个类型转化的步骤［例（34）］。

（33）Dogs are barking

（34）DOG → DOGS → ∩DOGS → ∪∩DOGS → ∃∪∩DOGS

　　　　pluralization　　type requirement　　DKP-rule　　DKP-rule

（Krifka，2004：9）

具体说来，例（34）中第二个转化操作∩DOGS 缺乏动机，因为谓语 barking 根本就不要求一个表示种类的实体，第三个步骤的∪∩DOGS 操作同样不合理，因为它不是<e>类型，无法和谓语 barking 匹配。整个转化过程只有经过最后的存在量词∃操作整个结构才是合法的。Krifka（2004）提出一种更简单的类型转化流程，见下例：

（35）DOG → DOGS → ∃DOGS

　　　　pluralization　　DKP-rule

（Krifka，2004：10）

因为谓语要求一个实体，而 DOGS 是一个属性的集合，因此通过∃转化成量化词是有必要的。

　　综上，我们认为类指分析法存在一些值得商榷的问题，属性分析显得更加可行。我们主张光杆根名词（不区分单复数）默认指谓属性，类指义的光杆单数名词和光杆复数名词都是由根名词衍生而来，得到各种语义解读的其他名词性短语皆是句法投射所致。关于光杆名词指谓属性的观点并非本研究所创，学界有不少学者（Cheng & Sybesma，1999；Krifka，2004；Liao & wang，2011 等）也持有这样的观点。Krifka（2004）认为类指和存在义的解读皆是对指谓属性的光杆名词实施类型转化操作而得。不同于 Krifka（2004），我们认为类指的解读是 Diesing（1992）所言的类指算子操作使然。此外，我们认为类指算子和限定词中心语 D 都无法直接选择根名词，根名词首先被量词中心语 CL 或物质名词中心语 F_{mass} 选择，随后才被 D 或类指算子选择。在下一节，我们将重点讨论量词中心语 CL 以及物质名词中心语 F_{mass} 的句法问题。

第五节　名词的可数性

可数名词和物质名词二分法，即名词可数性问题，是名词一个重要的语法范畴，也是语言学研究的一个热点问题。可数名词和物质名词的分野主要源于对西方形态丰富的语言（如英语）的几个观察。Gillon（1992）基于对英语的观察做出以下归纳：

1）可数名词可以被基数词或准基数词修饰，物质名词却不可以；

2）量化词 little, much 只能修饰物质名词，量化词 few, some 只能修饰可数名词；

3）可数名词有单复数形态之分，物质名词却没有；

4）代词 one 可以回指可数名词，却不能回指物质名词；

5）形态上是单数的物质名词不能和不定冠词搭配，可数名词却可以；

6）对于有单复数之分的量化词（如 every, all），只有复数形式才可以和物质名词搭配，可数名词没有这个限制。

受西方语言事实的影响，长期以来，在语言学研究中，名词一般被分为可数名词和物质名词。然而，即便是对英语一类语言而言，可数名词和物质名词二分法也面临一些反例。请看下例：

（36）a. Put some egg in the soup.

b. Put an egg in the soup.

上例显示，名词 egg 既可以用作普通可数名词，但也有物质名词的用法。从跨语言的角度来看，可数名词和物质名词二分法面临更大的挑战。汉语一类语言既不使用冠词，也不具备复数形态标记，如下所示：

（37）a. 我买书。

b. 我买了一本书。

c. *我买了三书。

上例中，光杆名词"书"既表示单数，也可以表示复数。名词无论是单数还是复数，除了数词之外，还需要使用量词"本"。日语的情况与之相类似。请看下例（Muromatsu，2003：72）：

（38）Mari　wa　hon　o　katta.　（日本语）

Mary　TOP　book　ACC　bought

"Mary bought a book/books."

"玛丽买了书。"

（39）a. Mari　　wa　hon　　o　　san　　satu　katta

　　　　　Mary　TOP　book　ACC　three　CL　bought

　　　　　"Mari bought three books."

　　　　　"玛丽买了三本书。"

　　　b. *Mari　　wa　　hon　　o　　san　　katta

　　　　　Mary　TOP　book　ACC　three　bought

　　　　　"Mary bought three /books."

　　　　　"玛丽买了三本书。"

在英语一类语言中，所谓物质名词所代表的事物，往往也需要通过使用度量短语（measure phrase）来实现计数和度量。例如：

（40）a. three bottles of wine

　　　b. five pounds of meat

就名词计数和度量而言，英语和汉语的根本区别在于，英语中的物质名词需要借助度量短语来实现计数和度量；而汉语中所有的名词都需要使用某种度量短语或量词来实现计数和度量。这种区分如下例所示：

（41）a. a glass of milk

　　　b. two loaves of white bread

　　　c. every grain of sand

（42）a. 三个人

　　　b. 三支笔

　　　c. 三瓶酒

　　　d. 三碗汤

　　有学者根据汉语类语言中的名词对于度量短语或者量词的要求，指出汉语这一类语言的所有名词都是物质名词（Chiechia，1998）。这种说法不太容易被人们接受，我们显然不能说讲汉语的中国人看到所有的物体都是不能直接计数的，而讲英语的西方人所看到的事物却有可计数与不可计数之分。

　　Cheng & Sybesma（1998，1999）认为可数与不可数在不同语言中都有体现，只是所表现的层面不同而已。在英语中，可数与不可数体现在名词层面，而在汉语中可数与不可数体现在量词层面。从根本上讲，这种观点是把名词的可数性归为词汇层面上的差异，属于词汇生成说。Doetjes（1997）

指出，为了使名词得以计数，它们所表示的事物在语义方面的部分构成必须在句法上得到明确显示。换言之，数词要求可数性有一个句法标记。Doetjes 进而认为，在英语一类语言中，这一语法标记是数的形态。在汉语一类缺乏数的形态的语言中，这一语法标记便是计数性量词。这种主张属于句法生成说。

我们赞同名词可数性句法生成说，即把名词的可数性交由句法处理。我们认为，词库中的名词是一种根名词，这种根名词默认指谓属性，根名词还未标明可数与不可数，可数性是功能语类句法投射所致。可数性句法生成说得到不少学者的支持。Borer（2005）就是其中一项很重要的研究，她提出一种外骨架句法理论，这种理论主张把词库有关结构投射与语义解释的负担完全转移到句法结构之上。具体说来，她认为句法属性是结构的属性，而不是词项的属性，一个词项仅是一个音-义对子，其中声音指向音系标引，意义指向一个概念包（concept package）。在 Borer（2005）的分析方案中，一个功能中心语在范畴上标识为一个开放的值，这个开放值需要某种机制赋予值域。有两种值域的赋值：一种由功能词素（f-morph）通过和功能中心语合并来赋值，例如英语的定冠词 the 就是这样的功能词素；另一种由一个抽象的中心语特征赋值，例如有定（[definite]）特征，这种特征要求词汇性中心语移位。赋值的结构请看下图：

（43）
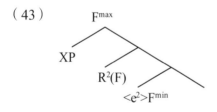

如上图所示，$<e^2>F^{min}$ 是一个功能中心语的开放值，由 $R^2(F)$ 给其赋值，$R^2(F)$ 可以是词素也可以是一个中心语特征。二者共同的上标表示它们是一个赋值对子。值得注意的是，这种赋值也可以由量化副词或者类指算子来完成。基于这种外骨架分析方案，Borer（2005）为可数名词和物质名词提供一个句法解释。具体地讲，她定义一个语义分割结构，该结构带有一个开放的值$<e>_{div}$，以此解释名词的可数性。名词的物质解释是名词的一种默认解读，因为名词本身不具备这种语义分割结构。Borer（2005）认为互补分布是同一句法身份的判断标准，因此她把英语中的复数形态标记和汉语的量词视为同样的句法身份，都是给语义分割结构 $<e>_{div}$ 赋值的成分。前者是一个中心语特征[div]，后者是一个词素。英汉语言的这种语义分割结构的赋值可以表示为下图：

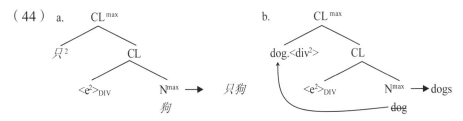

需要注意的是，在英语的图示中，[div]特征首先驱使一个词项（名词 dog）向其移位，然后再向语义分割结构$<e>_{div}$赋值。汉语的量词是一个自由词素，因此，在赋值过程中不涉及移位，由量词在原位直接给语义分割结构赋值。

Bale & Barner（2009）也是一项从句法角度研究名词可数性问题的研究。他们首先设想两种功能中心语，分别是物质名词中心语和可数名词中心语。两种中心语都是一个聚合（aggregate）集到另一个聚合集的函项（function）。但是两者的操作有本质上的区别，物质名词中心语的作用像是一个恒等函项，只是从根名词的语义解释传递到整个名词短语；可数名词中心语则不同，它把一个不具有个体作为最小成分的聚合集转变为一个具有最小成分的聚合集。关于聚合集的概念我们在后面的讨论中会再次提到。Bale & Barner（2009）的观点同分布形态学（见 Halle & Marantz，1993；Marantz，1997 的讨论）的主张一样，认为词项还不确定其句法范畴。在句法上，他们提出两种特征：第一种特征是"n"，决定该短语是否为名词性短语；第二种特征是"c"，决定该短语是否可数。物质名词中心语只承载"n"特征，而可数名词中心语是"n"特征和"c"特征的融合。

为了解释两种功能中心语的语义功能，Bale & Barner（2009）首先借鉴Link（1983）的做法，以此解释根名词的语义指谓。他们界定三种不同类型的语义合并半网格[①]（joint semi-lattice）。第一种是有限半网格，其中的每一个成员都由最小部分构成。Bale & Barner（2009）界定了何为最小部分〔例

---

① 中文译名采用刘鸿勇（2020）的译名。

（45）]。为了更为真实地呈现他们所给出的概念，我们保留原文，并给出中文译文。

（45）Definition of "minimal part"（最小部分概念）

> An aggregate x is a minimal part for a set of aggregates X iff x∈X and for any aggregate y, such that y≠x and y∈X, it is not the case that y≤x.
>
> （一个聚合 x 是一个聚合集 X 的一个最小部分当且仅当 x∈X，并且对于任何聚合 y 来讲，y≠x 并且 y∈X，并且不能使 y≤x。）

（Bale & Barner，2009：237）

对于有限半网格，两个最小部分能够共享同样的聚合，例如在集合 X{ac, ad, bc, bd, acd, abc, abd, bcd, abcd}中，聚合 a 同时是 ac 和 ad 一部分。这种类型的合并半网格指谓不均匀成分，"例如√succotash（豆煮玉米）既包含青豆也包含玉米，但是如果一块玉米不配有至少一颗豆子，把它叫'豆煮玉米'就会很奇怪"（Bale & Barner，2009：237）。

第二种类型合并半网格是个体化半网格，它指谓带有个体的最小部分。Bale & Barner（2009）界定个体的概念如下：

（46）Definition of "individual"（个体的概念）

> An aggregate z is an individual for a set of aggregates X iff z is a minimal part for X and for all aggregates y∈X, either (i) z ≤ y or (ii) there is no w ≤ z, such that w ≤ y.
>
> （一个聚合 z 是聚合集 X 的个体当仅当 z 是聚合集 X 的最小部分，并且对于所有属于聚合集 X 的 y 来说，要么 z ≤ y，要么没有 w ≤ z，使 w ≤ y。）

（Bale & Barner，2009：237）

第三种合并半网格指的是一种连续半网格，这种半网格难以用符号表达，但是可以给其下定义为："一个聚合集 X 是一个连续半网格，当仅当 X 是一个和封闭（closed under sum）且 X 没有最小部分。换言之，对于聚合集 X 的成员 x 来说，没有任何一个成员 y，使 y ≤ x 且 y ≠ x"（Bale & Barner，2009：238）。根名词√water, √space 即是指谓这种半网格的名词。

按照 Bale & Barner（2009）的想法，可数名词中心语只选择非个体化半网格，并把其转变为个体化半网格；物质名词中心语则选择个体化半网格，因此确保根名词的名词性句法地位，并没有改变其半网格的固有状态。

可数名词短语和物质名词短语的基本结构见下例（Bale ＆ Barner，2009：234）所示：

（47）a.
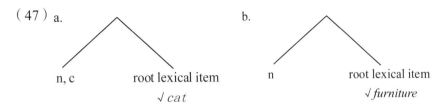

Bale ＆ Barner（2009）关于合并半网格方面的讨论面临一些问题。例如，诸如 furniture 这一类的物质名词既然具有个体化的合并半网格，为什么不能出现在可数的语境［例（48）］中？因为在他们的论述中可数名词中心语和物质名词中心语的唯一区别是前者把非个体化半网格转为个体化半网格。

（48）a. *Esme has some furnitures/equipments/footwears.

　　　b. *Those furnitures/equipments/footwears belong to Esme.

　　　c. *She has many furnitures/equipments/footwears.

　　　d. *She has five furnitures/equipments/footwears.

（Bale ＆ Barner，2009：234）

此外，合并半网格是从名词语义的角度提出的概念（Link，1983；Chierchia，1998），但是，按照 Bale ＆ Barner（2009）的主张，这个概念是用来讨论还不具备名词范畴的根词（lexical root）的语义，这显得不太合理。最后，他们认为 furniture 一类的根词具有个体化的半网格，而像 rock 一类的根名词的半网格却是非个体化的半网格，这也显得有些不合常理。Bale ＆ Barner（2009）做这样的区分的一个依据是在对比结构的语境中，两种词有不同的对比解读。具体说来，根词 furniture 在对比结构中得到数量对比的解读；根词 rock 在对比结构中既可以获得数量对比的解读也可以获得体积对比的解读。我们认为这样的结论是无效的，因为强制性的数量解读可能受世界百科知识、词语的独特性等其他原因的影响。例如，家具的部分已经不再是一件件的家具，我们总不能把一张椅子的一条腿视为一件家具。因此，把家具进行比较，当然是数量的比较，而不能是体积的比较。换句话说，当我们问"谁有更多的家具？"这样的问题时，我们绝不会比较体积，而是比较数量。然而，部分的岩石仍然是一块岩石。

在我们的框架中，我们把根名词定义已经获得名词范畴的词项，只是还未获得可数性的特征。对于根名词的语义构成，我们在 Link（1983）和 Bale & Barner（2009）的基础上，区分两种合并半网格：一种是含有最小单个原子个体的合并半网格，一种是没有最小单个原子个体的连续性合并半网格。就英语来讲，第一种合并半网格涵盖传统意义上的可数名词（rock）和一部分不可数名词（如 furniture），第二种合并半网格涵盖典型的物质名词（如 water）。这种主张与 Link（1983）和 Bale & Barner（2009），以及 Chierchia（1998）的观点略有不同。含有最小单个原子个体的合并半网格如下所示：

（49） a.　　　　　　　{a, b, c}　　　……

　　　　　{a, b}　　{a, c}　　{a, b} ……

　　　　　　　　a　　b　　c　　　　……

　　b.　i {a, b} $\leq$ {a, b, c}

对于没有最小单个原子个体的连续性合并半网格，我们采纳 Bale & Barner（2009）的定义，规定如下：

（50）A set of aggregates X is a continuous semi-lattice iff X is closed under sum and X has no minimal parts.（Bale & Barner，2009）

（一个聚合集 X 是一个连续半网格，当仅当 X 是一个和封闭且 X 没有最小部分。）

以上两种合并半网格并非名词可数性的条件，正如前面所言，我们把名词可数性归为句法操作。这种句法操作满足了一种计数条件，也就实现了名词的可数性。以下是我们界定的计数条件：

（51）计数条件

　　i. 一个名词 α 能够被计数当仅当它指谓一个聚合集 X，使 X 是单质的（monotonic）。

　　ii. 一个聚合集 X 是单质的当仅当 x 是 X 最小部分并且对于任何聚合 y，y=x 并且 y∈X。

经过句法操作，就可以把合并半网格转化为单质的半网格，如下所示：

（52）单质半网格

自然原子：{ a, b, c …}

或

非自然原子：{x (a, b, c …), y (a, b, c …), z (a, b, c …) …}

简单地说来，要实现计数，计数的单位必须是单质的，单质的半网格就是提供单质的计数单位。那么，实现单质半网格的句法操作是什么？我们提出量词的句法投射即是这样一种句法操作。如下图所示，量词语类 CL 选择一个根名词短语 NP，投射为量词短语 CLP。

（53）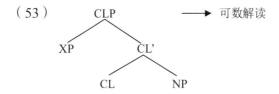

根名词短语指谓属性，但不携带可数性特征，量词的操作产生可计数单位，满足计数条件，因此实现名词的计数，即表现为传统意义上可数名词。量词语类 CL 在汉语中表现为独立的词素（如"个"），在英语中表现未黏附语素（如复数标记 -s），复数标记在语音拼读时往下附着在名词上。英汉语言量词语类投射见下图所示：

（54）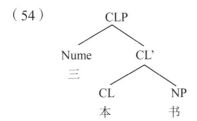

（55）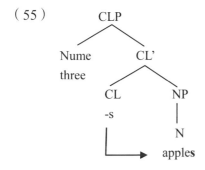

这样一来，英语的可数名词复数标记和汉语的量词就得到统一的解释，量词语类 CL 是一种具有语言普遍性的功能语类，它的语义功能是对根名词进行语义切分。这种主张有很好的依据，例如从语言类型学上看，传统的名词复数标记和量词呈互补分布，即具有复数标记的语言没有量词，拥有量词的语言其名词没有复数标记。从句法角度看，当两个范畴呈互补分布，我们可以预测这两个范畴可能具有相同的句法身份（Borer，2005）。

前面讨论的是可数性，对于传统意义上不可数名词，同样可归为合并半网格的句法操作。我们设定一个功能语类[①]F_{mass}，该功能词选择根名词短语，产生不可数的语义，见下图：

（56）

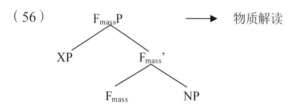

换言之，无论根名词指谓哪一种类型的合并半网格，通过 CL 或者 F_{mass} 的句法操作都可获得可数或不可数语义解读。

从语义上讲，功能中心语 CL 扮演一个 COUNT 算子，创造一个具有单质原子的集合。按照以上的设想，在没有 CL 的投射下，名词并不具有默认的物质名词解读。在这个问题上，我们同意 Bale & Barner（2009）的观点。但是，在细节上，我们与 Bale & Barner（2009）略有不同，他们认为物质名词中心语具有 "n" 特征，我们暂且把该功能中心语标识为 F_{mass}，它具有 Rothstein（2010）意义上的 $Shif_{mass}$ 操作性质。例如，在下例中，光杆名词 water 作为一个修饰语使用，尽管 water 具有非个体的合并半网格，但是我们并不从该例中得到物质名词的解读，我们感知到只是一个关于"水"的概念而已。

（57）The watch is *water* resistant.

功能词 F_{mass} 投射之后，名词 water 就获得物质名词的解读，如下例所示：

（58）I need [$_{FmassP}$ some [$_{Fmass}$ ø [$_{NP}$water]]].

Water 这一类名词的合并半网格是连续的，不具有个体化元素，因此，功能

---

① 纯属理论构建需要，我们暂无法对其给出明确的命名。这种做法在生成语法界并不少见。

中心语 F_{mass} 所做的是把该词的半网格映射到句法上，使其在句法上可视。这和 Bale & Barner（2009）关于物质名词中心语的恒等函项的说法比较类似。如下图所示：

（59）

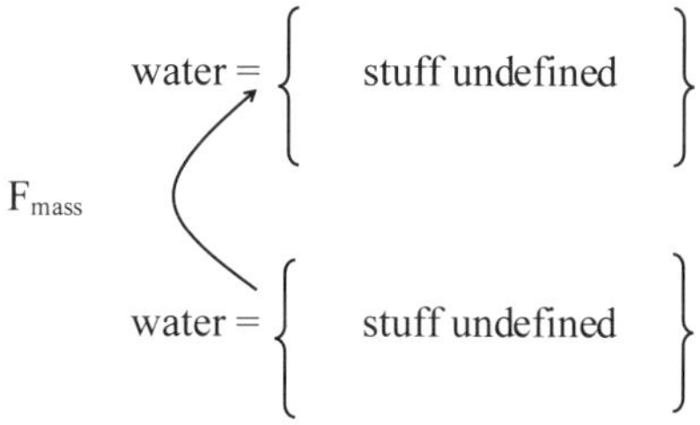

需要注意的是，功能中心语 F_{mass} 同样可以选择一个带有个体半网格的根名词（例如 dog）作为补语，在这种情况下得到物质名词的解读，即所谓的研磨机解读（Pelletier，1975；Cheng et al，2008），见下例：

（60）There is dog all over the wall.

在上例中，F_{mass} 投射到根名词 dog 之上，即从 dog 原本具有个体的半网格转化为连续的半网格，这个过程可以表示为下图：

（61）

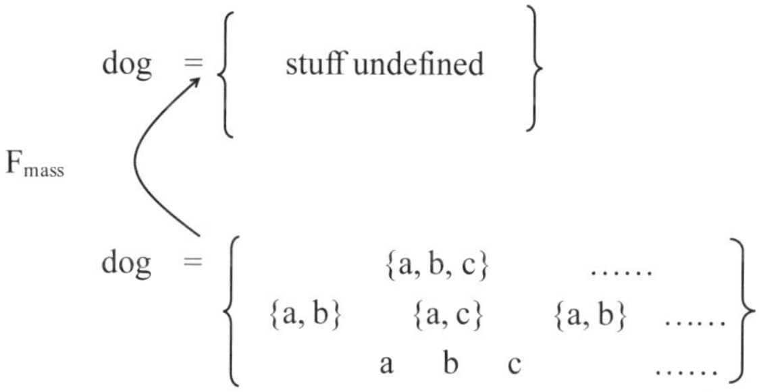

这一设想可以解释可数性的兼类现象以及丰富的跨语言现象。例如，在英语中我们常常见到可数名词作为不可数名词使用，或者不可数名词作为可数名词使用，如下例所示：

（62）a. There is much apple in the salad.

　　　b. Two coffees, please.

上例显示，可数名词和不可数名词并非有泾渭分明的界限，两者常常可以兼用。我们还发现在 Ojibwe 语中，与英语中 ice 对等的典型不可数名词仍然可以携带复数标记，见下例。

（63）a. milwam

　　　　‘ice’

　　　　"冰"

　　b. milwam-iig

　　　‘pieces of ice’

　　　"几块冰"

（Mathieu，2012：184）

不可数名词还可以和数词搭配，见下例：

（64）bezhig azhashki

　　　‘one chunk of mud’

　　　"一块泥"

（Mathieu，2012：186）

传统语法的研究把可数名词和不可数名词视为词汇上的区分，显然无法解释以上语言现象。

　　总而言之，在我们的框架中，可数名词和物质名词二分法被归为句法操作，即普遍性功能语类 CL 或 F_{mass} 的句法投射。CL 在汉语中以独立语素出现；在英语中则以复数词缀出现。这种分析还能解释量词和名词数标记在语言中的互补分布现象，即没有名词数标记的语言往往有量词，没有量词的语言往往有数标记。至此，我们会遇到一个反例，汉语存在一个类似英语名词复数标记的语素"们"，如果承认"们"是一个复数词素，就会对以上分析构成挑战。

　　李艳惠（Li，1999）认为，在量词语言的名词性短语中，存在着表示复数概念的语素，其中汉语的"们"便是一个这样的语素。在表示复数概念方面，这一构形语素"们"对应于英语中的构形语素 -s。以其句法位置而言，二者都生成于数的节点之下，其区别在于二者的句法体现不同：英语中复数体现在名词；汉语中复数体现在限定词 D。之所以有这种差异是因为汉语存在量词 CL 投射，CL 介于名词和数标记 Num 节点的中间，因此阻碍了 N 向 Num 移位。英汉复数标记的差别可以表示为下图：

（65）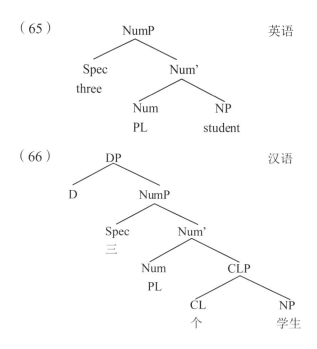

（66）

（Li，1999：86）

在上图（66）所表示的名词性短语中，在名词短语 NP 之上，有三个层次的功能投射，分别是量词短语 CIP、数词短语 NumP 和限定词短语 DP，李艳惠（Li，1999）主张"们"生成在 Num 节点。上图能解释为何汉语"*三个学生们"是不合语法的，因为 N 无法绕过 CL 移位到 Num，也就是说，CL 的出现阻碍了名词和复数标记"们"的结合。因此，Num 上的复数词缀"们"就选择移位至 D 的位置。李艳惠（Li，1999）认为这种分析能解释下例结构的合理性。

（67）a. 他对<u>他们两个（人）</u>特别好。

　　　b. 他对<u>小明、小花两个（人）</u>特别好。

（Li，1999：82）

实际上，汉语中带"们"名词尽管不能与个体量词合并，但可以与模糊量词"些"合并，见下例：

（68）<u>一些孩子们</u>在草地上玩耍。

李艳惠（Li，1999）的理论模型无法对上例提供解释。鉴于"们"在语义和句法方面的局限性，一些研究者如 Cheng & Sybesma（1999）认为它充其量只能是一个集体性的标记，而不是一个复数标记。所以，汉语中不存在表示语法数的形态。我们可以把"们"的语义与句法属性概括为以下几个方面：

1）有定的和复数的；

2）不能和数词一起出现；

3）只能附着在表人的名词上；

4）当附着在专有名词上，表达的是与该人物相关的一个群体。

"们"的这些语义、句法属性可以通过以下例子来进行说明。

（69）a. 学生们来了。

　　　b. *有学生们在教室里。

　　　c. *三学生们

　　　d. *三个学生们

　　　e. *小狗们

　　　f. 小强们来了。

既然"们"在语义和句法上表现出不同于英语复数标记的特殊属性，我们不认为把"们"看作典型的复数标记是一个较好的设想。实际上，这一类非典型的复数标记在许多语言中都有发现，如日本语、波斯语等。我们把这一类非典型的复数标记称为准复数标记（Pseudo-plural Forms）。

汤志真（Tang，2005）推断说英语中复数词缀的附着可能是发生在狭义句法层面（N-Syntax）；而汉语"们"的附着可能发生在词法层面（L-Syntax）。也就是说，名词在词法层面上就已经与有定复数标记合并，产生有定义。这种设想和我们的分析方案不符，因为根名词在受到量词语义分割前，且还没被负责指称的 D 选择，无从获得有定指称。我们认为"们"基础生成于 D 的位置。黎语名词复数标记 kun[①]的句法表现为此提供了明证，具体的讨论见第三章第七节。

简言之，在本节我们提出，名词的可数性问题是一个句法操作问题，可数名词和物质名词的分野不是词汇层面的分殊，而是句法上的不同操作所致。词库里的根名词本无可数或不可数之分。根名词被量词功能语类 CL 选择，投射为量词短语 CLP，实现可数义；根名词被功能语类 F_{mass} 选择，投射为 $F_{mass}P$，实现不可数义。按照这一理论假设，量词功能语类 CL 是名词

---

① 为了方便表述，我们仍用复数标记这一术语，本质上 kun 不是典型的复数标记。

性短语中很重要的一个语类。黎语是一种量词极为丰富的语言，毋庸置疑，量词短语分析是黎语名词性短语研究的主要论题之一。在下一节，我们将讨论名词性短语 DP 的内部结构。

第六节　DP 内部结构

在本章第二节我们介绍了 DP 分析模式，它主张名词性短语最高层级是限定词短语 DP，只有 DP 才具有指称义。数量义的名词性短语不是 DP（Li，1998），在我们的分析框架里，表数量义的名词性短语是功能中心语量词的投射 CLP，数词位于 CL 的标示语位置。DP 内部的结构至少涉及名词、量词、数词、冠词、指示代词等语类范畴。但是，这些范畴的句法地位学界没有完全统一的分析。在本节，我们将梳理学界关于 DP 内部结构以及功能中心语 D 的指称问题，主要关注学界存在分歧的地方，对于学界普遍达成共识的假设我们不再深入讨论。在此讨论的基础上，提出我们的理论主张。

名词性短语内部的语类范畴形态和句法表现较为多样。汉语和日语等一类东方语言一般缺少冠词，西方语言中，也不是所有语言都存在冠词，如英语、法语和德语等语言存在冠词，而拉丁语、俄语、波兰语、塞尔维亚语和克罗地亚语却没有冠词。英语、德语、法语等语言的冠词是自由语素；罗马尼亚语、阿尔巴尼亚语、冰岛语等语言的冠词却是附着于名词之上的附着语素（clitics）。更为特别的是，在阿尔巴尼亚语中，冠词还可以附着于形容词之上。作为自由语素的冠词也不能独立使用，只能与其所修饰的名词一道出现于句法实体中。在缺少冠词的语言中，指示代词往往发挥冠词的作用。数词和量化词也是每种语言都具有的语类。量词系统是汉语一类亚洲语言所特有的。有学者认为量词也具有某些冠词的作用。在西方语言中，只有一些物质名词需要使用某些形式的单位词，以表示某种程度或形式的计数，但是在量词系统发达的东南亚语言中，无论是物质名词还是可数名词都需要量词才能实现计数。在上一节中，我们已经讨论了名词的可数性问题，并明确提出名词的可数性是句法操作即量词功能语类 CL 投射所致。把量词 CL 作为普遍性功能语类，随即产生的问题是，如何解释量词 CL 的跨语言形态特征？

此外，DP 内部各语类的句法关系也是一个重要的问题。例如，对于名词中心语而言，形容词和关系分句是选择性的，学界一般称它们为嫁接语（adjunct）。但是，形容词的叠加存在的严格语序限制问题给嫁接语分析带来挑战。

上述各种语类在名词性短语内部的语序方面，表现出很大的跨语言差异。具体说来，在有些语言中，名词中心语在前，限定修饰语居后；而在另外一些语言中，限定修饰语在前，名词中心语居后。在一些语言如英语中，不允许冠词与代词同时使用；而在另一些语言中，却允许这种共现，如匈牙利语、希腊语和意大利语等。在有些语言中，甚至还存在定冠词的双重使用，如希腊语、希伯来语、挪威语等。

生成语法自创立以来就秉承语言普遍性的理论精神，因此对于 DP 内部结构表现出来的跨语言差异理应寻求一个统一的解释。在本节我们将对这些问题进行梳理，为黎语名词性短语的句法分析奠定理论基础。

一、量词的句法地位问题

Greenberg（1972）从语言类型学的角度做出一个概括：在一定程度上而言，量词和名词数标记在语言中呈互补分布，没有名词数标记的语言往往有量词，存在量词的语言不具备名词数标记。在汉语等诸多东南亚和太平洋地区语言的名词性短语中，存在一般为西方语言所不具备的量词。与不具有这一语类的语言相比较，这一类语言被称为"量词语言"，不具有这一语类的语言被称为非量词语言。前述我们把名词数标记和量词做统一的解释，提出量词语类 CL 是一种具有语言普遍性的功能语类，它的语义功能是对根名词进行语义切分，以此解释语言的计数机制，这样的假设符合生成语法对人类语言普遍性的理论追求。

按照传统语法学的说法，量词和数词经常被放在一起来讨论，统一称为数量词。数量词作为定语成分，用来修饰名词。但在现代句法学理论中，数词和量词的句法地位存在一些争议。最为突出的一个问题是：量词的句法结构究竟是左分枝还是右分枝？左分枝结构是指量词和数词黏附在一起，作为名词短语 NP 的修饰成分；右分枝结构是指量词作为中心语投射，NP 是其选择的补语（complement），数词要么是量词之上的中心语，要么是量词的标示语。对这个问题，有学者认为部分量词属于左分枝结构，部分量词属于右分枝结构，并对此提出很多测试（Zhang，2011；Li，2011）。接下来，我们将表明这些测试其实并不那么牢靠，右分枝说更为合理。

张宁（Zhang，2011）先是把量词分为 7 个类别，分别是标准量词（如"斤"）、容器量词（如"碗"）①、集合量词（如"对"）、部分量词（如"片"）、个体量词（如"根"）、个体化量词（individuating measure，如"堆"）和种类量词。Zhang（2011）把前四种类别的量词归为左分枝结构，个体量词和个体化量词则归为右分枝结构，至于种类量词，她认为既不能构成左分枝结构，也不能构成右分枝结构。左分枝和右分枝结构见下图所示：

（70） a.

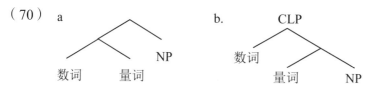

张宁（Zhang，2011）通过修饰语的辖域来测试容器量词和集合量词的结构，即量词前面的修饰语与 NP 是互相排斥的。如下例所示，名词前面的形容词和量词前面的形容词是完全相反的一对形容词，因此，张宁（Zhang，2011）认为名词和量词肯定不在同一个结构里面。

（71）a. 大大的一碗小樱桃

　　　b. 方方正正的一包三角饼干

　　　c. 圆圆的一罐方糖

　　　d. 很大的一桌小客人

（72）a. 大大的一堆小樱桃

　　　b. 很长的一排超短的小汽车

（Zhang，2011：7）

张宁（Zhang，2011）的测试并不那么牢靠，如果把名词前面的修饰语去掉，量词前面的修饰语就会获得歧义的解读：既可以修饰量词也可以修饰名词，见下例：

（73）a. 大大的一碗樱桃

　　　b. 大大的一堆樱桃

---

① Zhang（2011）用的术语是 standard measure 和 container measure。

上例中，"大大的"显然可以指一大碗，一大堆，但也能得出"大樱桃"的解读。如果把形容词替换一下，第二种解读就会显得更自然。

（74）红红的一碗樱桃

也就是说，我们很容易把上例的"樱桃"解读为红色的樱桃，即"红红的"修饰樱桃。有意思的是，有些形容词只能得到修饰名词的解读，例如在下例中，"好吃的"只能修饰樱桃，因为它与"碗"无法搭配。

（75）好吃的一碗樱桃

这些反例给张宁（Zhang，2011）的测试带来很大的挑战，因此弱化了左分枝结构的论证。对于标准量词和部分量词的左分枝结构，张宁（Zhang，2011）通过数量短语补语的测试方法来论证。她指出，标准量词和部分量词可以和数词结合，作为"长"和"高"的补语，既然这类量词和数词的结合体可以做补语，两者一定构成一个句法成分。见下例：

（76）a. 三寸长的棍子

     b. 三两重的胆结石

     c. 三段长的课文

     d. 三层高的楼房

张宁（Zhang，2011）指出个体量词和数词的结合既不能做补语也不能做谓语，用来表示测量的数值，见下例：

（77）a. 三根*（筷子）长的棍子

     b. 一个*（鸡蛋）大的胆结石

（78）a. 那张桌子长两米。

     b.*那张桌子长两张。

（79）a. 宝玉比黛玉高三寸。

     b.*宝玉比黛玉高三人。

我们认为标准量词本质上就是度量单位，它作为长度或重量当谓语，用来陈述某一物体的属性，这是自然而然的事，因此例（76a）和（77a）不需要解释。那么，为何例（78b）和（79b）中个体量词却不能做谓语？问题在于个体量词切分的单位在语义上太"轻"了，没有太具体的语义内容，它依赖所选择的名词提供词汇性信息。也就是说，离开了所选择的名词，个体量词的语义是模糊的。例如，我们无法知道"个"究竟是表示多少量的单位，如果我们不知道它选择的名词（如"苹果""卫星"）。再如，"两张"离开了名词，其长度是模糊的，我们无从知道"两张"究竟有多长。我们光说"那张桌子长两张"的时候，信息是模糊的，因此，"两张"不能作为表长度的谓词来使用。个体量词和数词结合不能做补语来使用［例（77）］，也是同样的道理。鉴于此，我们认为张宁（Zhang，2011）的例证显得不够有说服力。容器量词（如"瓶"）就不同，因为它的词汇性信息足够给我们一个大概的容量，无所谓这个瓶子装的是什么。如在下例中，我们对"瓶"的感知是比较明显的，毕竟按照惯例，装有酒精的瓶子不会偏离我们的常识。

（80）三瓶容量的酒精

同样，我们也不能用集合量词或种类量词作为补语使用，其原因也是集合量词没法被用来表示事物测量方面的计量，用种类量词来测量那就更离谱了。请看下例：

（81）*三堆大的橘子

（82）*三种大的橘子

即便补出量词后面的名词也无法让以上的表达式变得合理。

（83）? a. 三堆樱桃大的橘子

　　　*b. 三种樱桃大的橘子

以上讨论表明，张宁（Zhang，2011）用数量词当补语和谓语来检测量词的左分枝结构是不牢靠的，其讨论的那些不合法的表达是语义上的原因，并非句法上的原因。实际上，不难发现，个体量词其实也可以做谓语［例（84）］，这是因为量词短语前面的名词为其提供了词汇性信息，因此"三个""三张"的量变得可以感知了。但是，这也不能验证该量词短语的句法结构是左分枝结构。

（84）a. 他吃的苹果有三个。

　　　b. 他买的桌子有三张。

李旭平（Li，2011）也探讨了量词的句法地位问题，他也提出左分枝和右分枝两种不同的量词短语，但他的做法与张宁（Zhang，2011）略有不同，他认为量词短语是左分枝还是右分枝跟量词的语义指涉有关，但与量词类型无关。李旭平（Li，2011）认为所有的量词都兼具有计数（counting）和计量（measure）两种语义功能，两种的语义本质上是有区别的。按照李旭平（Li，2011）的说法，表示计数的量词属于 [+C, -M] 量词，表示计量的量词属于 [-C, +M] 量词。[-C, +M] 量词给出的集合是不含任何个体的，在这样的数量名短语中，名词理应是一个物质名词。但是，这种说法在考察英语的例子时就会出现问题，比如在例（85a）中，整个名词短语 a bowl of cherries 有计量的解读，因此 cherries 应该是物质名词。

（85）a. He eats up a bowl of cherries.

b. There is much cherry in the salad.

英语的名词有可数和物质之分，既然 cherries 有显性的复数标记，我们显然不能说 cherries 是一个物质名词。Rothstein（2010）提出一种转化操作 SHIFTmass，以此解释可数名词物质用法。可数名词物质用法得到的是一种"研磨"解读，如例（85b）所示，沙拉里的 cherry 指的是樱桃的果肉。但是例（85a）中的 cherries 显然不具有"研磨"义。因此，我们认为李旭平（Li，2011）以量词计数和计量的对立来确定量词的左/右分枝句法结构也值得重新考虑。量词本质上对名词进行一种语义切分，提供一种计数单位。至于数量名短语指涉的是个体还是指涉数量，这可能不是句法上的问题。Stavrou（2003：334）也有同样的说法："量词在数词的协助下，通过提供恰当的计量单位来对名词计量或计数。"Chierchia（1998：73）也同样注意到"量词兼做计量短语"。同样的主张还可以参阅 Iljic（1994）。简言之，李旭平（Li，2011）所言的量词计数和计量的不同解读不能用来判定量词的句法结构。不难发现，量词的语义解读跟句子的谓语有莫大关系。见下例：

（86）a. 我喝了三瓶酒。

b. 有三瓶酒破了。

显然，例（86a）指涉的是"三瓶酒"的量，而例（86b）指涉的是具体的三瓶酒（指向个体），这种不同解读完全是受动词"喝"和"破"的影响，可能与量词的结构无关。

二、量词的跨语言解释

在第三节，我们把名词可数性归为量词 CL 的句法投射，并论证了量词的功能中心语位置。按照这样的理论设想，量词是一种具有语言普遍性的功能语类，汉语的量词以及英语的复数词缀都是 CL 的体现。但是，我们还需要解释，功能中心语 CL 在跨语言中表现出的不同形态是如何发生的。在本节，我们提出一种量词特征分解的设想，以此回答这个问题。

由于汉语缺乏单复数的形态变化，一些语言学家认为汉语是泛数（general number）语言（Corbett，2000；Rullmann & You，2006），如例（87）中光杆名词的数即是一种泛数。但是，例（88）（89）中的名词性短语就不是泛数。

（87）昨天我买了书。

（88）昨天我买了（一）本书。

（89）昨天我买了一些书。

（Rullmann & You，2006：175）

从形态的角度看，例（88）和（89）中的名词性短语也没有任何标记。为何就不是泛数的表现？归根结底，这里面没有区分语义上的"数"和句法上的"数"。实际上，句法上的复数标记并不承载着语义上的复数概念，关于这一点的认识有不少语言学家讨论过（Sauerland，2003；Krifka，2004；Borer，2005）。例如，在下例中，（90b）的名词性短语有复数标记，但是，在语义的解读上，整个名词性短语并非指称多于1本数量的书。

（90）a. One book is on the table.

　　　b. 1.0 books are on the table.

有意思的是，只有数词"1"才要求名词采用单数形式。正因为如此，Borer（2005）戏称"1"是一个最孤独的数字。Krifka（2004）也注意到语义数和句法数的区别。他指出，尽管一个人只有一只狗，例（91a）的问题"Do you have dogs"也不要求一种否定的回答；与之相反的是，假如问题是"Do you have more than one dog?"，对方只能回答"No, only one"［例（91b）］。尽管 John 只有一只狗，命题"John doesn't have dogs"就是假的［例（91c）］。鉴于此，我们认为语义上的复数是数词决定，并非复数标记给赋予的。Krifka（2004）认为，句法上的复数反映的是数和名词之间的一种句法一致关系。我们认为，句法上的复数不是数词和名词的一致，而是量词和数词之间的一致。

（91）a. Do you have dogs? Yes, one/*No, only one.

　　　b. Do you have more than one dog? No, only one.

　　　c. John doesn't have dogs.

（Krifka，2004：14）

当然，在有些情况下，复数标记也能激发语义上的"复数"解读。如在

例（92）中，人称代词 they 预示着语义上复数解读是强制性的。Krifka
（2004：14）对此评论说："一个人指着一只狗说'See, there are dogs'，所
表达的命题还是真的。这个陈述的奇怪之处可以追溯到一个更为具体、同样
复杂的表达'a dog'。"Krifka（2004）的言外之意是："a dog"也并非指一
只狗。例如，当我说"I don't have a dog"，我显然不只是否定我拥有狗的数
量是"一只"这样的事实，我否定的其实是任何数量的狗。所以说，如果不
区分语义上的数和句法上的数，容易造成困惑。

（92）There are dogs in the room.

　　　　Where are they exactly? I cannot see them.

　　传统语法认为数是名词固有的属性，但是在 DP 假说提出之后，数作为
一个独立的句法投射 NumberP（Ritter，1991，1995）。在第五节，我们讨论
了复数标记和量词在语言中互补分布的现象，论证了量词语类作为功能中心
语，在语义上对名词进行语义分割，以此实现名词的可数性。复数标记和量
词的互补分布表明两者具有同样的句法地位。鉴于此，我们认为没有必要专
门设定数的句法投射。Sauerland（2003）认为数特征 [Num] 不在名词之
上，而是功能中心语 φ 的句法一致性特征，该中心语选择 DP 作为其补语，
如下图所示：

（93）

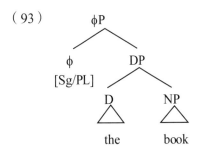

（Sauerland，2003：2）

中心语 φ 的复数特征通过一致关系允准其他语类如限定词、形容词的不可
解性特征。Sauerland（2003）还认为中心语 φ 属于语义上的词汇性特征。
这样的设想值得商榷，一个语义特征如何允准一个句法特征？此外，中心语
φ 如何能允准其补语（DP）内部的标示语（如形容词）？这些问题很大程
度上弱化了 Sauerland（2003）的设想。

　　在本研究中，我认为数词 Nume 位于 CL 的标示语位置，而数的特征反

映的是 Nume 和 CL 在中心语-标示语结构中的一致关系。如下例所示：

（94）

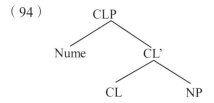

按照以上图示，数特征显然不是名词之上的特征。Krifka（2004）对此也持同样的观点。此外，英语伪分割结构①（pseudopartitive construction）中心语（如 pieces）携带复数标记，在我们的分析中，pieces 是量词 CL 的一个示例。因此，有理由认为 [Num] 体现在 CL 之上，如下例所示：

（95）three *pieces* of apple

基于这样的设想，我们进一步认为把数定义为一种句法特征 [num] 的表征，句法特征 [num] 是功能中心语携带的特征。CL 的特征 [num] 和其标示语 Nume 的 [Num] 在中心语-标示语结构达成一致关系，如下图所示：

（96）

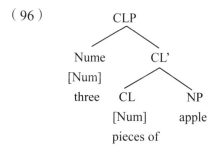

特征不匹配会导致不合语法［例（97）］，即最孤独的数字"1"无法和 CL 的特征 [Num] 匹配。

（97）*one pieces of apple

在我们的分析框架中，传统语法上的可数名词实际上是 CL 的投射，执行语义 COUNT 操作。因此，在下面的结构中，我们设想有一个空语类 CL 的投射。

（98）three CL_ϕ apples

---

① 伪分割结构区别于分割结构（partitive construction），后者一定具有显性的有定限定词，如 three baskets of those apples。详细的论述可参阅 Stickney（2004，2007）的研究。黎语分割结构的讨论见第三章。

至此有一个问题：如何解释 apples 之上的复数标记？为了解决这个问题，我们设想，当 CL 为空的时候，[Num] 特征以词缀的形式，往下跳跃[①]到名词之上，在名词上进行语音拼读（spell out），如下例所示：

（99）

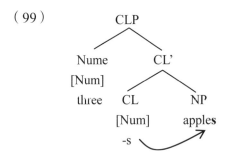

把 [Num] 特征归为 CL 的设想在一些语言中可以找到很好的明证，例如在一些典型的量词类型语言[②]（例如巴西西北部的 Tariana 语言）中，量词带有复数标记。量词 -da 之上有复数标记 -pe，在此种情形下，量词有语音形式，因此复数标记在原位得到语音拼读，不向名词移位［见例（100）］。

（100）ñama-kapi-da-pe　　　　　　pu:we

　　　　two-hand-CL:ROUND-PL　　capuchin.Monkey

　　　　'ten monkeys'

　　　　"十只猴子"

（Aikhenvald，2000：104）

目前为止，我们提出 CL 是一种功能语类，以此解释名词的可数性。无论是汉语量词还是英语伪分割结构中心语都是 CL 的示例。但是，我们仍需要统一解释功能语类 CL 在跨语言中的不同形态表现［例（101）］。为此，我们提出量词 CL 特征分解分析法。

（101）i. 汉语 CL：CL 与名词之间有严格的语义选择关系，如"支笔"；没有复数标记。

　　　　ii. 英语 CL：CL 与名词之间缺乏语义选择关系；有复数标记。

在提出特征分解之前，先界定两个概念：固有特征和选择性特征。固有特征是决定一个词项在什么句法节点合并的特征；选择性特征是一种由固有

---

① 关于词缀跳跃（affix hopping），参阅 Chomsky（1957）。

②"量词类型语言"的说法沿用传统的术语，只是为了论述方便，按照本研究的框架，所有语言都具有量词。

特征派生而来的可选择性特征，它决定什么样的其他词项能够与该中心语合并。换言之，选择性特征处理的是两个合并词项的关系。因此，选择性特征需要得到另外特征的匹配。基于这两个概念，我们认为 CL 之上的形式特征 [Count] 使 CL 能够实施 COUNT 操作，从而使名词具有可数性。因此，[Count] 是 CL 强制性的固有特征。此外，CL 还有两个选择性特征：[Num(ber)] 和[Cla(ssification)]。前者对应于英语一类语言的复数标记，后者对应于汉语一类语言量词的分类功能。CL 要么选择 [Num] 特征，要么选择 [Cla] 特征，这是英语和汉语 CL 不同形态表现的本质动因。CL 的特征分解图示见下例：

（102）
$$CL$$
$$|$$
[+Count]
[±Num]
[±Cla]

Maromatsu（2003）也主张量词通过形式（form）对名词进行分类，他还认为 CL 在所谓"非量词类型语言"中也以一种隐性的方式存在。但是，我们在英语语言中的确不太容易感知到量词的分类功能表现。我们同意 Maromatsu（2003）关于语言中存在共性的量词的主张，但不同意他关于所有语言中量词都具有形式上的分类功能的论断。CL 是普遍的，但是 CL 所选择的选择性特征各有不同。如在下例中，CL 是一个空语类，它本身是隐性的，在语义上依赖其后面所选择的名词，即从名词那里获得词汇性信息。

（103）[CLP three [CL ø [NP apples]]]

接下来的问题是如何界定特征匹配的问题。既然 [Count] 是决定句法节点的固有特征，就像 Radford（1997）所言，描述一个语类范畴的语法属性，那么，该特征无需特征匹配操作。与固有特征不同，CL 的两个选择性特征 [Num] 和 [Cla] 需要以某种方式与各自对应的特征进行匹配。具体讲来，[Num] 与 Nume 携带的特征在中心语-标示语结构中匹配。[Cla] 特征的提出是为了解释 CL 和选择的名词 N 之间的语义选择关系，例如，量词"本"不能选择"苹果""熊"这些名词，而必须选择"书"那一类名词。因此，我们认为 [Cla] 特征的匹配是以一种中心语-中心语的方式匹配，即 CL 和 N 之间的特征匹配。这种设想和 Radford（1997）略为不同，我们不认为所有的中心语特征都是固有特征，中心语也有选择性特征，同样需要特征匹配。这一主张与 Zwart 的特征匹配局部条件（locality condition of feature matching）有暗合之处（见例（104），参阅 Alexiadou et al，1997：28）

（104）特征匹配局部条件

    A. 一个最大投射 α 与 β 一致只有当 α 是 β 的标示语；

    B. 一中心语 α 和另一个中心语 β 一致只有当 α 嫁接到 β，且 β 必须是一个功能语类。

前述所言的 Nume 和 CL 在中心语-标示语结构中一致关系满足以上条件 A。但是，以上条件 B 过于严格，因为中心语 α 和 β 的一致不一定要导致 α 嫁接到 β 之上。我们认为，中心语 α 和 β 完全可以在各自的位置实现一致关系。关于在何种情况下中心语向中心语移位的问题，Dimitrova & Giusti（1998）"词汇插入经济原则"（Principle of economy of lexical insertion）提供很好的解释［例（105）］。

（105）词汇插入经济原则（PELI）

    一个功能投射必须得到允准，可以通过

    a. 使其标示语可见，并且/或者

    b. 使其中心语可见。

              （Dimitrova-Vulchanova & Giusti，1998：158）

按照以上 PELI 原则，只有在标示语不可视的情况下，中心语才会激发中心语向其移位，如果标示语已经得到词汇填充，中心语无需移位。需要注意的是，两个中心语 α 和 β 必须是毗邻的，否则就会违反局域条件。此外，两者必须有一个是功能语类。按照这样的设想，我们把"特征匹配局部条件"重新定义如下：

（106）特征匹配局部条件

    A. 一个最大投射 α 与 β 一致只有当 α 是 β 的标示语；

    B. 一中心语 α 和另一个中心语 β 一致只有当 α 与 β 毗邻，且 要么 α，要么 β 必须是一个功能语类。

综上，CL 的特征匹配可以刻画为以下图示：

（107）

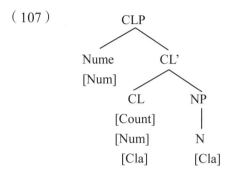

按照这个图示，我们来看以下英汉语言量词的不同句法表现。

（108）a. 三本书

　　　b. three bears

（109）

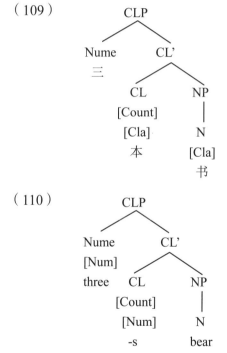

（110）

英汉语言的量词特征匹配机制从例（109）和（110）中可以一目了然。至此，我们用两分特征的分析方法去解释量词语类 CL 在不同语言中的不同表现。以英汉语言为例，我们把这种特征差异总结如下：

（111）CL：[±Num, ±Cla]

　　　汉语 CL：[-Num, +Cla]

英语 CL：[+Num, -Cla]

显而易见，汉语 CL 承载 [Cla] 特征，缺乏 [Num] 特征；英语 CL 承载 [Num]，缺乏 [Cla] 特征。特征不匹配会导致不合法的表达式，如下例所示：

（112）a. *一张笔

b. *one bears

把汉语定义为量词特征束为 [-Num, +Cla] 的语言。难免会产生一个问题：汉语不具有数的概念吗？答案显然是否定的，因为数是一个语言普遍的概念，汉语也不例外。前述我们区分语义上的数范畴和句法上的数范畴。汉语只具备语义数范畴，缺乏句法数范畴。此外，我们还应该注意到，汉语中并非所有的量词的特征束都是一样的，实际上，不同的量词在携带特征方面也有差异。例如，像"箱"这样的量词是不具备 [Cla] 特性的，此类量词的特征束是 [-Num, -Cla]，因为此类量词和名词之间不存在严格的语义选择关系，见下例所示：

（113）一箱书

上例中，量词"箱"和"书"不具有语义选择关系，简单而言，"箱"能和很多不同类型的名词搭配。

实际上，我们还发现在英语中，有个别量词与名词之间也存在一种语义选择关系，在此情形中，该量词具有 [Cla] 特征，见下例（Lehrer，1986：114）：

（114）a. a ball of cabbage

b. a moon of cabbage

c. a sphere of cabbage

例（113）和（114）表明，一种语言的量词可以选择不同的特征束。从跨语言来看，这种现象是普遍存在的。例如在亚美尼亚语中，同样可以发现特征束为 [+Num, -Cla] 和 [-Num, -Cla] 的两种量词［例（115）］。

（115）a. Yergu　had　hovanoc　uni-m.

two　CL　umbrella　have-1SG

'I have two umbrellas.'

"我有两把雨伞。"

b. Yergu　hovanoc-ner　unim.

two　　umbrella-PL　have-1SG

'I have two umbrellas.'

"我有两把雨伞。"

c. *Yergu　had　　hovanoc-ner　unim

two　　　CL　　umbrella-PL　have-1SGi

'I have two umbrellas.'

"我有两把雨伞。"

（Borer，2005：94）

在例（115a）中，CL 由像汉语一样的自由语素充当，因此没有复数标记。我们据此把此类 CL 归为[-Num, -Cla]类型量词。与例（115a）不同，例（115b）中的 CL 是像英语复数标记那样的屈折语素，因此属于[+Num, -Cla]类型的量词。例（115c）显示，这两种类型的量词不能在同一个名词性短语内同现。

在北美语言 Ojibwe 中，名词同样也有两种计数方式，一种类似于英语的复数词缀，另一种类似于汉语的量词。因此，我们也认为 Ojibwe 同样具有[+Num, -Cla]和[-Num, +Cla]两种类型的量词，请看下例：

（116）a. niizh　　gwiizens-ag

two　　　boy-PL(AN)

'two boys'

"两个男孩"

b. *niizh　　gwiizens

two　　　boy

'two boys'

"两个男孩"

（Mathieu，2012：177）

（117）midaaso-nboob-in　gii-gwedwe.

ten　　　　soup-PL　PAST-ask

'I asked for ten soups.'

"我要十碗汤。"

（118）a. niizhwaatig　　misi

two-CL　　　　firewood

'two sticks of firewood'

"两根木棍"

b. niizhweg   zenibaa

two-CL   silk

'two pieces/sheets of silk'

"两片丝绸"

（Mathieu，2009：13，22）

需要注意的是，在例（118）中，量词黏附到数词之上，-*aatig* 指一种木质的、杆状的东西，而-*eg* 用来表示一种布状的东西。

至此，根据所讨论的几种语言的表现，按照量词的特征束选择，我们初步可以把量词的类型学表现列举如下：

表 2-1　基于特征的量词分类

	Chinese	English	Tariana	Armenian	Ojibwe
[+Num, -Cla]	-	+	Unk[①]	+	+
[-Num, +Cla]	+	-	Unk	-	+
[+Num, +Cla]	-	+	+	-	Unk
[-Num, -Cla]	+	-	Unk	+	Unk

由此可见，量词特征分解的分析框架能统一解释量词的跨语言差异。在下节，我们将讨论数词的句法地位问题。

三、数词的句法地位问题

数词有简单数词和复杂数词之分，简单数词是单个词素，复杂数词包括乘法式、加法式和混合式，因此有较为复杂的内部结构。因此，要确定数词的句法地位不能只考察简单数词，而是要把复杂数词考虑在内。在形式句法研究中，数词的句法地位问题主要有两种争论。第一种观点认为数词和量词

---

① Unk 是 unknown 的缩略。我们还没有对 Tariana 和 Objiwe 两种语言进行细致的语言类型学考察，因此还无法就其量词情况做出完整的概括。

黏附一起构成一个句法实体（Tang，1990；Amazaki，2000）；第二种观点认为数词是中心语，选择量词短语作为其补语（Simpson，2005；Cheng & Sybesma，1999）。我们认为数词位于量词短语的标示语位置。在上一节，我们指出量词短语左分枝结构不合理，因此我们不同意第一种观点，在此不再赘述。此外，Simpson（2005）通过考察东南亚语言发现，数词和量词是独立的两个中心语。其一，数词和量词在形式上是独立的自由词素。其二，量词具有对名词个体化的语义功能，因此它不可能黏附在数词上。其三，数词的功能不同于量词，它具有明确数目（number specification）的功能。从句法表现来看，量词无需数词，可单独出现，见下例：

（119）a. Nguoi　　chong　　rat　　tot.　　（越南语）

　　　　　CL　　husband　　very　　good

　　　　　'The husband is very good.'

　　　　　"那位丈夫人很好。"

　　　　b. Tus　　tsov　　tshaib　tshaib　plab.　（赫蒙语）

　　　　　CL　　tiger　　hungry　hungry　stomach

　　　　　'The tiger was very hungry.'

　　　　　"那只老虎很饿。"

　　　　c. leo　　tu　　me　　da　　tu　　po　　va...　（侬族语）

　　　　　then　CL　wife　scold　CL　husband　say

　　　　　'Then the wife scolded the husband and said…'

　　　　　"接着那位妻子责怪其丈夫，然后说……"

（Simpson，2005：823）

上例中量+名结构作有定解，这种用法在汉语南方方言（如粤语、吴语）中也比较常见，见下例：

（120）*Zek gau* gamjat　dakbit　tengwaa.　　（广州话）

　　　　　CL　　dog　today　special　obedient

　　　　　'The dog is specially obedient today.'

　　　　　"那只狗今天特别乖。"

（Cheng & Sybesma，1999：511）

此外，数词无需量词也可以单独出现在名词短语中，见下例：

（121）nha　　ba　　phong　（越南语）

house   3   room

'a three room house'

"三房的房子。"

（Simpson，2005：809）

Simpson（2005）还发现，在侬族语（越南境内语言）中，数词"1"不能和量词毗邻出现，名词位于两者之间，见下例：

（122）an   ahn   tahng   nuhng   ma   （侬族语）

　　　 take   CL   chair   one   come

　　　 'Bring a chair.'

　　　 "带一张椅子。"

（Simpson，2005：809）

　　Simpson（2005）的研究可以证明，数词和量词是两个独立的句法投射，但还不能证明数词和量词一样，也是一个中心语。无论是数词单独出现，还是数词无法和量词毗连出现，这都无法证明数词的中心语地位，因为数词单独出现不能排除量词空语类的存在，数词和量词非毗连出现可能是句法操作使然。在前述的讨论中，我们认为量词对名词进行语义切割，提供计数的单位，而数词的作用是读数（即多少个这样的计数单位），因此数词是量词 CL 的标示语，数词和量词构成一个中心语–标示语结构（spec-head configuration），如下图所示：

（123）

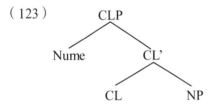

　　这种主张较为合理，因为有证据表明，数词的句法表现更像是一个最大投射，而最大投射不该位于中心语的句法节点。显然，在下例中，"三十多"和"二十好几"是不能被分析为中心语的。

　　（124）a. 三十多棵树

　　　　　 b. 二十好几个苹果

　　Ionin & Matushansky（2006）把这样的数词称为复杂基数词（complex cardinals）。在印欧语言中，这样的例子也很普遍。

（125）a. five hundred thousand　　（英语）

　　　　b. quatre vingt　（法语）

　　　　　four　twenty

　　　　"八十"

（126）a. three hundred and five

　　　　b. twenty-seven

　　　　c. tri　　ar　　　ddeg　（威尔士语）

　　　　　three　preposition　ten

　　　　"十三"

（Ionin & Matushansky，2006：315）

但是，Ionin & Matushansky（2006）把数词分析为中心语[①]，选择名词或其他数名短语作为补语，复杂数词短语其实是名词短语，如下图所示：

（127）

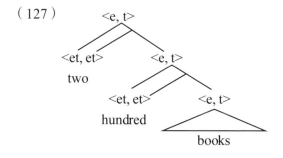

（Ionin & Matushansky，2006：318）

对于含有加法式复杂数词的名词短语，如 two hundred and twenty books 这样的短语可以分析为右节点提升或者省略，如下例所示：

（128）a. [[[two hundred t$_i$] (and) [twenty t$_i$]] books$_i$]

　　　　b. [two hundred ~~books~~] (and) [twenty books]

（贺川生，2021：28）

这种分析的核心理由是在俄语和其他斯拉夫语言中含数词的名词短语内部存在格标记。贺川生（2021）从汉语分析的角度来指出 Ionin & Matushansky（2006）面临几个方面的困难，分别是句法困难、语义困难和形态音系

---

① 贺川生（2021）把这种分析称为非成分分析，即数词并不构成独立于名词之外的完整句法成分，他不同意这样的分析。

困难。

从句法上来看，汉语数词后面的黏附概数助词，如"来""把""许""余"等可以显示数词的内部构造。如果按照 Ionin & Matushansky（2006）的分析，"一百来个学生"的内部结构是："一百个学生+来个学生"，但是，"*来个学生"并不合语法。此外，贺川生（2021）认为这种非成分分析也会导致句法过度生成或生成不足的问题，在此不赘述。

从语义上来讲，概数助词的取值依赖于前面的数词，例如在"一百来个学生"中，"来"离开了"一百"，其取值范围是无法确定的。从这个角度来说，"来"应该和"一百"构成左分枝的结构。

汉语普通话的变调现象比较丰富，也能从形态音系的角度证明数词非成分分析存在问题。例如，数词"一"的单字调是阴平，但在某些语境中会从阴平变为去声，具体说来，"一"在和量词"张""把"结合时读去声，发生了变调。但是，在复杂数词中，"一"不发生变调，如在"二十一张桌子"中，"一"还是读本调，即阴平。这显然说明，复杂数词是一个完整的成分。

贺川生（2021）认为复杂数词结构是句法操作生成，而不是在词库中生成。根据词汇完整性假设（Huang，1984），词的一部分不能进行句法操作，而短语的一部分可以进入句法操作。按照这一原则就可以测试复杂数词结构究竟是词还是短语。如下例所示，汉语复杂数词的一部分完全可以进入句法操作。

（129）a. 你有几百本书？三百本。

b. 你有三十几本书？三十三本。

c. 你有几十几本书？三十三本。

（贺川生，2021：129）

还可以通过回指来检测数词的内部结构，因为回指示不能应用于词的内部。复杂数词的一部分可以作为照应回指的先行词，下例 a 句中数词的一部分"九百万"即是 b 句"这么多"的先行词。

（130）a. 我们的图书馆有九百万本书。

b. 这么多本书啊！我以为只有一百万本呢。

从以上的讨论来看，把数词视为一个完整的成分，即一个最大投射，位于量词 CL 的标示语显得比较合理。在黎语名词性短语句法讨论中，我沿用这样的分析。

四、功能中心语 D 的指称问题

本章第一节介绍了名词性短语 DP 分析理论模式，我们指出 DP 理论的形成主要是在与 IP 和 CP 的类比研究中发展而来。首先，研究者把名词性短语中的限定词 Det 与句子结构中的屈折形态 Infl 相比较，发现 Det 具有类似的语义特征和句法功能。具体而言，词库中的名词一旦被选择进入句法运算，生成有关的名词性短语，该短语指称即其外延意义，必须依赖有关的限定词才得以体现。与之相类似，屈折形态 Infl 的语义句法功能在于实现进入运算的动词在具体的语言表达式中的时、体，以明确表达现实世界中的动作、行为和事件。生成语法学家们发现动词性句法中的转换移位等句法操作实际上也存在于名词性短语中（Chomsky，1970；Anderson，1979；Longobardi，1994），名词性短语是一个复杂的句法结构。尽管 DP 分析理论模式得到长足的发展，但是，功能中心语 D 究竟是什么？D 究竟是有定语义解读的句法节点，还是具有更广泛的语义功能？这个问题还未得到明确的解决。我们把这个问题称为 D 的指称问题。在本节，我们梳理前人的研究，随后在下一节提出我们对这个问题的认识。

对 D 指称的讨论主要涉及三组对立的概念，分别是指称（referential）/非指称（non-referential），有定（definite）/无定（indefinite），有指（specific）/无指（non-specific）。此外，还有类指（generic）的概念，有人把其视为无指的一种类型，也有人把其看作有指的一种类型。

邓思颖（2010）认为指称名词性短语指涉某一实体，非指称往往有类指的用法，可见他是把类指当作非指称的一种类型。我们认为类指并非没有指称，它指称事物的种类，因此不能把类指视为非有指的一种。Li & Thompson（1981：130）给有定性下了以下定义：说话者相信有定名词性短语所指的应该是听话人已知的事物，而无定名词性短语所指是说话者未知的事物。对有定指称概念做系统探究的经典文献是 Lyons（1999）。在此作中，Lyons 提出四个设想来解释有定的概念，分别是熟悉性、可辨别性、唯一性和包含性。我们可以通过下例来理解 Lyons（1999）所讨论的概念。

（131）I bought *the car* this morning.

（132）They've just got in from New York. *The plane* was five hours late.

（133）I've just been to a wedding. *The bride* wore blue.

（134）Beware of *the dogs*.

（Lyons，1999：2—10）

对于例（131）中的 the car 无论是听话者还是说话者都是清楚的，因此可以说，对于说话双方来讲，the car 都是熟悉的。但是，我们不能说例（132）的 the plane 是听话者所熟悉的。换句话说，熟悉性不能解释例（132）的 the plane，因为听话者并不熟悉说话者所言的飞机，但是听话者可以借助常识确定飞机是运送他们去纽约的那架飞机，因此，可以说 the plane 具有可辨别性。例（133）中的 bride 具有唯一性，尽管听话者对那位新娘不熟悉，但是根据婚礼的惯例（一场婚礼一位新娘），听话者也能有效辨别那位新娘。但是，唯一性却无法解释例（134）中的名词短语 the dogs，因为该短语是复数名词性短语，显然无法指涉具有唯一性的某一个实体。故此，Lyons（1999）认为包含性可以为此做出解释，具体地讲，此短语指称满足该描述的语境下的所有个体。进一步讨论，Lyons 认为熟悉性应该是可辨别性的一个子类，而唯一性是包含性的一个特例。因此，Lyons 最后认为有定指称要么是某个实体具有可辨别性，要么是某个实体具有包含性。

Sio（2006）对有定指称的讨论与 Lyons（1999）不同，她认为一个有定名词短语总是遵守存在预设（presupposition of existence）和熟悉性或唯一性。存在预设指的是名词短语的指称在特定的论域中被预设存在，Sio 认为存在预设是有定指称的先决条件。

邓思颖（2010）把无定名词性短语分为两类：有指（specific）和无指（non-specific）。他认为有指和无指的名词性短语和语境有极大关系，在表示现实意义（realis）的体标记提供的语境中，名词性短语容易被解读为有指；相反，在表述非现实意义（irrealis）动词提供的语境中，名词性短语容易被解读为无指，如下例所示：

（135）他想找一个老师辅导作业。

（136）他找了一个老师辅导作业。

例（135）中的"想"是一个表示非现实意义的动词，因此"一个老师"有无指的解读；例（136）中体标记"了"提供了现实意义的语境，故而"一个老师"获得有指的解读。

李艳惠（Li，1998）认为 D 确保名词性短语指涉语篇中的实体，每一个名词性短语，只要是指涉个体的都是 D 的句法投射（显性或隐性）。不指涉任何个体的名词性短语不是 D 的投射，如果该短语只是一种数量义的解读，那么该名词性短语就是数量短语（number phrase）[①]，它不同于无定名词性短语。见下例所示：

（137）a. [NumP 三个学生]

　　　　b. [DP D [NumP 三个学生]]

（Li，1998：696）

在例（137b）中，D 投射为一个没有语音形式的空语类，因此整个名词短语指涉个体，而例（137a）并无 D 的投射，其最大投射是数量短语 NumP，因此例（137a）不指涉任何个体。两种结构的区别可以通过下例得到检测。

（138）a. *三个学生在学校受伤了。

　　　　b. 有三个学生在学校受伤了。

（139）五个学生吃不完一碗饭。

（Li，1998：694—695）

例（138a）和（138b）的对立显示，无定名词性短语（DP）单独不能充当主语，需要"有"的允准，按照 Longobardi（1994）的解释，隐性 D 需要得到实词的恰当管辖（即实词出现在隐性 D 的左边缘位置）。例（139）的名词性短语指涉数量，因此不受此限制。李艳惠（Li，1998）认为数量短语不指涉任何个体，因此是非指称的。

前面我们讨论了指称、非指称、有定、无定、有指、无指等几组概念，现在只剩类指这个概念需要重新界定。邓思颖（2010）认为类指名词性短语不具有指称，但是我们有证据表明，类指义短语有指称的表现，如下例所示：

（140）a. May hates raccoons because they stole her sweet corn.

　　　　b. Martha told me that beans can't grow in this climate, but they grew well for me last year.

（Carlson，1977b：25）

---

① 需要注意的是，我们认为数量词短语的中心语是量词 CL，而不是数词 Numeral，标识为 CLP。

在上例中，人称代词 they 用来回指前面的类指光杆名词 raccoons 和 beans，这表明类指名词性短语同样是有指称的。此外，类指量词也可出现在有定名词性短语中，因此该短语同时获得类指和有定的语义解读，这说明类指和有定是不冲突的。请看下例：

（141）那一种狗很贵。

上例中，"那一种狗"特指某一种狗，本身是有定名词性短语，当然是指称性短语，但是该短语指一个品种的狗，又具有类指义，显然我们不能否认该短语的指称性。前述讨论了 D 的指称性，涉及了诸多指称概念，但是，如何把这些概念统一纳入一种分析方案，这是下节我们要解决的问题。

五、DP 指称性再认识

在本节，我们提出 D 特征分解分析法，以此统一解释 DP 短语不同语义解读。我们把 DP 中心语 D 视为承载指称性的句法节点，任何限定词都可能是 D 的示例（instantiation）。名词性短语的指称性定义如下：

（142）一个名词性短语具有指称性当该短语的指称（referent）被预设存在于某一特定的论域中。

李艳惠（Li，1998）意义上的数量短语并没有预设任何个体，因此被排除在指称性短语之外。凡是指称任何个体的名词性短语皆是指称性短语。充当论元的名词性短语，一定是 D 的投射。换言之，没有 D 投射的名词性短语只能是指谓属性的名词短语 NP，或者是数量短语 CLP。类指短语同样具有指称性，因为它指谓特殊的"个体"（Carlson，1977b）。

关于有定和有指的语义解读，我们给出新的定义如下：

（143）有定名词性短语是要么满足可辨别性条件，要么满足包含性条件，或同时满足二者的指称性短语。

（144）一个名词性短语是有指的，当它同时满足以下条件：

　　　1）具有指称性；

　　　2）说话者指涉某一特定的指称物。

基于以上的概念，我们做出以下概括：

（145）每一个有定短语都应该是有指的，反过来不成立。

　　　每一个有指短语都应该是指称性的，反过来不成立。

这种论断可以表示为下图蕴含式：

（146）有定→有指→指称性

至此，指称、有定和有指三个概念的蕴含关系就清晰可见了，它们皆可以在句法节点 D 上面实现。其中，指称义处在蕴含式的最低位置，是最基本的语义解读。那么，同一个句法节点为何会有几种语义解读呢？换句话说，D 何时获指称义？何时获有指义？何时获有定义？这由什么决定的？我们提出 D 特征分解分析方法，以此来分析和解答这些问题。

我们把 D 定义为具有指称性的功能中心语，具有固有特征[Ref(erential)]（指称性）。任何指向现实世界或话语域中任何对象的名词性短语都具有指称性，都是 D 的投射。Gebhardt（2009）认为功能中心语在不同语言中表现各异，但是功能中心语的特征是具有普遍性的。因此，他设定限定词 D 承载一个 [q] 特征，这个特征表明：有一个 x，x 具有某种属性 p，但不确定是哪一个 x。[q]特征选择一个姐妹节点 [specificity]（特征），该节点含有确定有指性和有定性的特征。[specificity]有两个子特征：分别是[I.know]特征和[Y(ou).know]特征。Gebhardt（2009）的理论设想如下图所示：

（147）

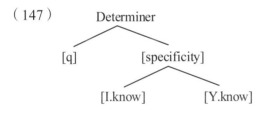

（Gebhardt，2009：350）

我们认为 Gebhardt（2009）的设想略显繁琐，不符合生成语法简约性的理论追求，因此，我们在 Gebhardt（2009）的基础上做一些调整。我们首先界定[I.know]和[Y.know]是 D 的两个选择性特征。[I.know]特征定义为：说话者知道哪一个 x，x 具有某种属性。[Y.know]特征定义为：说话者预设听话者知道哪一个 x，x 具有某种属性。固有特征[Ref]决定 D 的投射，如果没有[Ref]，D 就不会投射。当 D 同时带有[I.know]和[Y.know]两个选择性特征，D 就得到有定的解读；当 D 带有[I.know]和[Y.know]中的任何一个特征，D 就得到有指的解读。如果[I.know]和[Y.know]两个特征都不被 D 选择，D 就是一个只带有指称义的中心语。我们把 D 的特征表示为下图：

（148）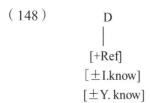

名词性短语的指称问题本身也是语用问题，这种分析把语义和语用解读统一到句法分析上，有较强的解释力。学界对 D 的语义问题讨论并没有一个统一的解释，我们提出的框架把与功能中心语 D 有关的几组语义范畴，即指称/非指称，有定/无定，有指/无指，统一分析为 D 节点携带的特征组合。D 携带特征的不同组合产生不同语义解读。至此，还有类指义还没得到解释。在前面的讨论中，我们指出类指短语同样是指称性短语，因此，类指短语也应该是 DP。我们不把类指义归为某一特定的特征，而是采纳 Diesing（1992）的类指算子（Generic operator）给予解释。名词性短语的类指解读和谓词有莫大的关系，谓词有瞬间性质谓词（stage-level）和恒久性质谓词（individual-level）[①]之分，只有后者才会导致名词性短语的类指解读。因此，我们认为只有恒久性质谓词才会驱使主语从核心域（nuclear scope）向限定域（restrictive scope）移位，并在限定域受到类指算子 Gen 约束，从而实现类指义的解读。我们将采用本章所提出的理论框架分析黎语名词性短语句法结构。

六、典型 DP 与非典型 DP

在以往的研究中，一些语言学家只把作有定语义解读的限定词短语视为 DP（Bernstein，1997；Giusti，2002；Wu，2010）。功能中心语 D 的句法节点通常由定冠词或者指示代词填充。为了方便起见，我们把这种带显性词项的有定 DP 称为典型 DP，如下例所示：

（149）a. *The three bears* escaped away from the zoo.

　　　 b. *These/those three bears* escaped away from the zoo.

　　　 c. *这/那三只熊*逃出动物园了。

如上例所示，英语的 DP 既可以由指示代词，也可以由定冠词表征；汉语的

---

① 采纳刘鸿勇（2020）的中文译名。

典型 DP 只能得到指示代词的表征，因为汉语不具有定冠词。当然，关于指示代词的句法地位学界仍然有争论。尽管有些语言学家认为指示代词是 D 的示例（Li，1998，1999；Chan，1999；Yang，2005 等），但也有些证据表明指示代词不大可能是 D，其中的一个证据是指示代词和定冠词并不在同一个句法节点生成（Bernstein，1993，1997；Giusti，2002），理由是两个语类可以同时出现在同一个名词短语中，见下例：

（150）a. el hombre este （西班牙语）

the man this

'this man'

"这个男人"

b. omul acesta （罗马尼亚语）

man-the this

'this man'

"这个男人"

c. ez a haz （匈牙利语）

this the house

'this house'

"这所房子"

d. ika n anak （爪哇语）

this the child

'this child'

"这个小孩"

（Bernstein，1997：92—93）

Giusti（1993）认为指示代词实质上位于 DP 下面的一致性短语（AgrP）的标示语位置上，N 向 D 的移位导致指示代词的后置［见例（150b）］。指示代词从 SpecAgrP 提升至 SpecDP 位置，从而导致指示代词前置［见例（150c）］。Bhattacharya（1998）同样认为指示代词从比较低的句法位置移至于 DP 辖域。此外，Bernstein（1997）认为指示代词在许多方面和形容词的表现类似。英语中也能发现指示代词不在 D 位置的现象。因为定冠词 the 总是作有定解，因此我们期待所有带有显性 D 的名词短语都应该是有定名词短语。但是，指示代词也可能是指示义，不是有指义，如下例

（Bernstein，1997：95）所示：

（151）a. this woman (right here)

= this woman　　　　　　　　（指示）

b. this woman (from Paris)

= a woman　　　　　　　　　（有指）

按照 Bernstein（1997）的说法，例（151b）通常发生在非正式的口语中，是无定的有指，可以出现在 there be 存现句中。见下例：

（152）There's this book (that) you ought to read.

（Bernstein，1997：95）

Bernstein（1997）还发现指示代词的强化功能，他认为指示代词位于一个强化功能中心语的标示语位置，这个功能投射表示为 XP，该结构用法语表现如下：

（153）[FP ce [F' –ci]

this　 here

（Bernstein，1997：97）

在指示代词和强化功能中心语之间也可以出现一个普通名词，按照 Bernstein（1997）的主张，在此种结构中，名词提升并嫁接在该功能中心语 F 之上，见下例：

（154）a. cette　femme-ci　（法语）

this　woman-here

'this woman'

"这个女人"

b. ce　livre-là

that　book-there

'that book'

"那本书"

（Bernstein，1997：98）

这种指示代词强化结构在非标准英语中也能看到，如下例所示：

（155）a. this here guy

b. that there car

（Bernstein，1997：95）

　　这些语言事实迫使我们相信，英语指示代词首先在 DP 之下的功能中心语的标示语位置合并，然后移至 D 的标示语位置。对于例（151a）中的指示代词，按照 Bernstein（1997）的观点，指示代词不在标示语的位置生成，而是在中心语生成。同样，指示代词由 DP 以下的位置提升到 D 的位置。Bernstein（1997）认为指示代词携带[有定]语义特征，这是我们不赞成的。在本研究中，我们把所有指称义都归为句法节点 D。名词短语的不同语义解读乃 D 选择的选择性特征不同所致。在例（151a）中，D 同时选择[I.know]和[Y.know]特征，因此整个名词短语作有定义解读。这种设想同样可以解释指示代词和定冠词的互补分布表现［见例（156）］。

（156）*a. this the bear

　　　　*b. these the three bears

对英语指示代词的分析也同样可以扩展到汉语的讨论中去。尽管汉语不具有冠词，但是在 D 位置上仍然可以有其他词项填充，例如专有名词、指示代词等。对于汉语指示代词的句法生成，仍然存在有争议的地方。汉语指示代词到底是直接在 DP 辖域生成，还是生成于 DP 以下的位置，经过移位操作抵达 DP 辖域？此外，汉语指示代词是中心语还是标示语？这些问题都还未有一个统一的解答。如果我们设想指示代词在 D 位置合并，就不好解释以下语言事实。

（157）a. 我喜欢*你们这些乖孩子*。

　　　　b. 我对*他们那些流浪汉*没有印象。

　　　　c. *他们那些学生*，每个人都很喜欢。

　　　　d. 我喜欢*张三、李四那几个乖孩子*。

　　　　e. 我对*张三这个学生*没有什么印象。

　　　　f. *张三这个人*，我以为很多人都会认识。

（Huang et al，2009：298—299）

在上面的例子中，专有名词位于指示代词的前面，如果我们认为专有名词率先在 D 位置合并，那么指示代词的位置在哪里？Huang et al（2009）对此现象提供两个选择：要么把专有名词和指示代词分析为一个"双头"D，要么把它们视为两个分开的 D。但是，如果采纳指示代词在 DP 以下生成说，以上结构似乎可以得到较好的解释。如例（158）所示，指示代词基础生成于 DP 以下的功能投射的标示语位置，中心语 D 的位置由专有名词填充。

（158）

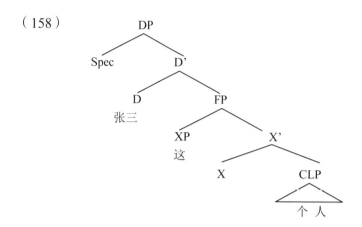

按照上图的结构生成，例（157）中专有名词和指示代词的语序关系就可以得到很合理的解释。因为 D 由专有名词填充，DP 辖域以下的功能投射 XP 中的中心语显然就不能移至 D 之上。同样，位于 XP 标示语位置的指示代词也不能移至 DP 的标示语，因为如果这样就会违反 DP 双填充限制原则（doubly-filled DP Filter），该原则认为 DP 的标示语和中心语只能有一个可以有显性的填充（详细讨论见 Giusti，1992）。如果指示代词向 DP 的标示语位置移位，就会生成以下不合法的结构。

（159）*我对那他们三个学生没有什么印象。

但是，在一些语言如匈牙利语和日本语中，指示代词和冠词是可以同现的，如下例所示：

（160）a. ez　　a　　haz　　（匈牙利语）

　　　　This　the　house

　　　　'this house'

　　　　"这所房子"

　　 b. ika　n　anak　　（爪哇语）

　　　　this　the　child

　　　　'this child'

　　　　"这个孩子"

（Bernstein，1997：92—93）

Bernstein（1997：95）对此现象评论说："真正的指示代词从跨语言来看在句法上是不尽相同的，对此问题还缺乏专门的论证。"我们同意 Bernstein（1997）的观点，从跨语言来看，指示代词的句法问题的确是一个非常复杂的问题，我们暂且不去过多讨论指示代词的问题。在对黎语名词性短语研究中，我们还把黎语指示代词视为 D 的显性标记。

以上讨论围绕着 DP 的显性形式，并称之为典型的 DP。非典型 DP 指的是没有显性标记的 DP，其指称义由其他句法位置成分通过移位至 DP 辖域来实现。本部分讨论的非典型 DP 包括英汉有指量词短语、广州话的有定光杆量词短语（不带数词的量词短语）以及汉语普通话中有定光杆名词短语［见例（161）—（164）］。

（161）我买了*三本书*。

（162）Yesterday, he bought *three books*.

（163）*Zek　gau*　gamjat　dakbit　tengwaa.　（广州话）

　　　　只　　狗　　今天　　特别　　听话

　　　"这只狗今天特别听话。"

（Cheng & Sybesma，1999：511）

（164）*狗*要过马路。

在本研究框架中，所有具有指称的名词性短语都是 D 的投射。上例中所有名词性短语都具有指称，因此我们设想在该结构中涉及句法移位操作，即其他语类从别的位置移至 DP 辖域（中心语 D 或其标示语）。英语和汉语普通话的数量词短语只能获得有指的解读，无法获得有定的解读。广州话中光杆名词还可以作有定解；汉语普通话的光杆名词可以作有定解。乔姆斯基指出："如果某些现象在某些语言中能够被观察到，很有可能在一定程度上说，这些现象在其他一些语言中以隐性的形式存在，因为显性表达很可能是 UG（普遍语法）的要求。"（引自 Lasnik，2003：2）隐性的形式在生成语法研究中被称为空语类，是生成语法理论向来很重视的现象。我们认为凡是具有指称的名词性短语都是 DP，这一主张也是秉承着生成语法理论的这种精神。Longobardi（1994）提出 N 向 D 移位，以此解释罗曼语（意大利语）名词性短语的语义解读问题。他宣称一个名词短语只有被 D 选择才能充当论元。对于主语位置上名词性短语，N 向 D 移位是强制性的；宾语位置上的 N 可以不向 D 移位，在此情形中，空语类 D 受到词汇（动词）的恰当管辖。对于日耳曼语（英语），Longobardi 认为 N 向 D 的移位在逻辑式层面进行。在本研究中，我们不认为中心语向中心语移位是允准空语类 D 的唯一选择，最大投射向 D 的标示语位置移位也可以允准 D。这个主张乃得益于

Dimitrova & Giusti（1998）的词汇插入经济原则：

（165）词汇插入经济原则（PELI）

一个功能投射必须得到允准，可以通过

a. 使其标示语可见，并且/或者

b. 使其中心语可见。

按照 PELI 的要求，一个功能投射要得到允准，要么使其中心语得到词汇填充，要么使其标示得到词汇填充。但是，如果不对此加以限制，可能会导致生成不合语法的语序。例如，在 D 为空语类的名词性短语中，如果 CL 向 D 进行中心语移位，有可能会产生 CL-Nume-NP 的结构，这是不合语法的结构。为了避免这种情况，我们提出以下限制条件：

（166）移位限制原则

对于两个不受词汇管辖的中心语 α 和 β，α 位于 β 之上，且 α 为空语类，β 移位至 α 当且仅当 β 的标示语 γ 同样为空，否则 γ 移位至 α 的标示语。

以上原则要求最大投射移位总是优先于中心语移位。然而，有定光杆量词短语和有定光杆名词短语涉及中心语移位，这是因为没有标示语可以移位，中心语移位是最后诉诸的手段。具体地讲，在有定光杆量词短语中，中心语 CL 向 D 移位，从而允准了中心语 D；对于有定光杆名词，中心语 N 首先移至 CL，再从 CL 位置向 D 移位，遵循中心语移位限制原则 HMC（Travis，1984）。按照 HMC 的原则，一个中心语移位时不能越过中间的中心语。

厘清非典型 DP 生成所涉及的原则问题，为讨论 DP 内部具体的移位问题做一些理论上的准备。

七、DP 内部语序问题

DP 内部结构丰富且复杂，至少涉及限定词（冠词、指示代词）、数词、量词、形容词、名词以及关系从句等范畴。名词短语内部各语类的语序问题最早受到语言类型学的关注。Greenberg 总结出共性第 20 条（Universal 20），所涉及的是名词性短语内部数词、形容词、指示代词的语序问题，但是，在他看来数词和量词是一个整体结构（参阅 Greenberg，1972）。随着名词性短语研究的不断深入，生成语法学家们逐渐关注名词性短语内部语序问题（Simpson，2005；Cheng & Sybesma，1999；Sio，2006）。

Simpson（2005）考察东南亚多种语言的名词性短语发现，东南亚各语言的 DP 内部语序迥异，因此他试图提出一种合理的句法分析。他把东南亚语言主要 DP 语序描述如下（Simpson，2005：806）：

（167）Thai（泰语），Khmer（高棉语）：N Adj RC Num CL Dem

（168）Burmese（缅甸语）：Dem RC N Adj Num CL

（169）Hmong（赫蒙语），Malay（马来语），Vietnamese（越南语）：

　　　　Num CL N Adj RC Dem

Simpson（2005）指出，东南亚语言 DP 内部语序排列有悖于相关语言的中心语类型，泰语和高棉语是比较典型的中心语在前（head-initial）语言，但是光从 DP 来看，它们似乎又是中心语在后（head-final）的语言，因为数词 Nume、量词 CL 和指示代词 Dem 全部出现在名词后面。Simpson（2005）认为例（170）的语序绝非基础生成（base-generated），而是 NP 移位所致，即 NP（N Adj）从 CL 右边移位到左边缘的位置。

（170）[DP [NP dek　　naa-rak]i [NumP soong [CLP khon ti]]]　　（泰语）

　　　　Child　　loveable　　　　two　　　　　CL

　　　'two cute children'

　　　"两个可爱的孩子"

（Simpson，2005：812）

NP 移位也同样用来解释指示代词位于右边缘的现象，因为在同一种语言中只能存在一种中心语–补语选择方向。换言之，既然泰语中的 NP 基础生成于中心语 CL 的右侧，显然不能把 NP 视为基础生成于 Dem 的左侧。Simpson（2005）认为这种补语移位导致指示代词留在右边缘的解释适用于诸多东南亚语言如越南语、印尼语等等。关于 NP 左边缘移位的动机，Simpson（2005）认为这种移位是对早期某种状语结构的重新分析（reanalysis）所致。

黎语的指示代词也位于数量名的右侧，我们将沿用 Simpson（2005）的思路分析黎语的这一句法现象，提出 CLP 左向移位的设想。

DP 内部的句法移位不光涉及 NP 移位，还有中心语移位。根据前文的讨论，但凡有指称性的名词性短语皆是 D 的最大投射。但是，并非所有的有定名词性短语都有一个显性的 D 投射，在这种情况下，我们认为 DP 内部存在某一中心语向 D 移位的现象。例如广州话中光杆量+名短语作有定解，因此，该结构涉及 CL 向 D 移位。见下面两例：

（171）*Zek gau* gamjat dakbit tengwaa. （广州话）

　　　只　狗　今天　　特别　听话

　　"这只狗今天特别听话。"

（Cheng & Sybesma，1999：511）

（172）

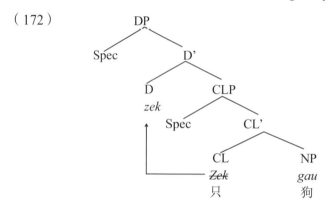

这种 CL 向 D 移位的现象在东南亚语言中也比较常见，Simpson（2005）对此也进行了翔实的讨论，如下例（Simpson，2005：823）所示：

（173）Nguoi chong rat tot. （越南语）

　　　CL husband very good

　　'The husband was very good.'

　　"那位丈夫人很好。"

（174）Tus tsov tshaib tshaib plab. （赫蒙语）

　　　CL tiger hungry hungry stomach

　　'The tiger was very hungry.'

　　"那只老虎很饿。"

Simpson（2005）也主张这是一种"CL 向 D"中心语移位现象。此外，还存在光杆名词作有定解的结构，我们认为是"N 向 D"中心语移位所致。在汉语普通话中这样的短语也比较普遍，见下例：

（175）狗要过马路。

（176）

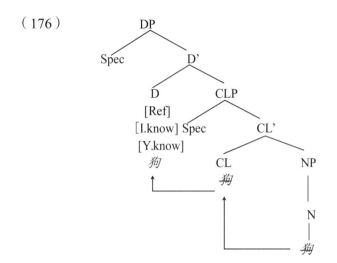

需要注意的是，N 向 D 移位并非一蹴而就，N 先移位至 CL 的节点，随后再移位到 D 的节点，否则会违反中心语移位限制。

　　形容词的句法位置也是一个广泛受学者们关注的问题。Cinque（2010）分析了日耳曼与罗曼语族的语言，把形容词分为两种类型：直接修饰和间接修饰（简化关系从句）。后者相对于前者，处在更高的句法位置，但是两者都位于 NumP（即我们主张的 CLP①）和 NP 之间的某一个功能语类的标示语位置，如下图所示：

（177）

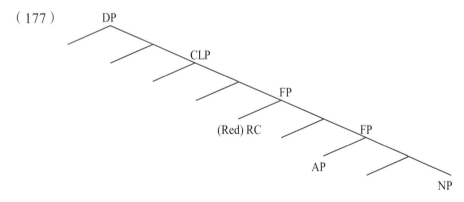

例如，在汉语中形容词多数是发生在量词和名词中间，形容词直接修饰名词，见下例：

（178）a. 一个高大的学生

---

　　① 在我们分析框架中，CL 是中心语，Numeral 位于 CL 的标示语位置。

　　　　b. 一篮大樱桃

但是我们也不难发现，汉语形容词还可以出现在数词和量词中间，如下例：

（179）一大篮樱桃

在此例中，形容词修饰的是量词"篮"，而不是名词"樱桃"。形容词还可以出现在数量词的左边缘，在这种结构中，形容词更容易得到修饰量词的解读，是比较显赫的语义解读。但并不完全排除有修饰名词的可能性，如在下例中，"大大的"可以修饰名词"樱桃"。

（180）大大的一碗樱桃

　　如果采纳了 Cinque（2010）的分析，我们需要承认上例中的结构涉及形容词移位，即从 CLP 内部移至 CLP 的外部。Sio（2006）认为 CLP 左边缘的形容词使该结构获得有指（specific）的解读。我们认为，在这种情形中，形容词"大大的"从 CLP 辖域内移至 D 的标示语位置，从而实现 D 的有指义〔例（181）〕。

（181）

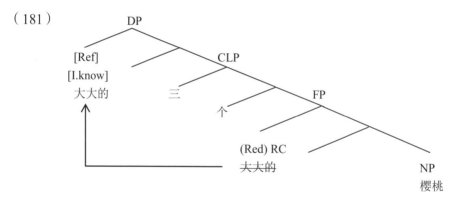

　　关于这种移位，一个很重要的证据来自形容词的辖域测试，CLP 外的形容词在有些情形下是可以越过 CL 辖域统治（scope over）NP，即得到修饰 NP 的解读。如在例（180）中，形容词"大大的"也可以修饰"樱桃"，即表示：有一碗樱桃，个个都很大。按照句法学拷贝理论，形容词"大大的"拷贝后移出，原处留有一个未得到语音拼读的拷贝，因此它辖域统治 NP，从而得到修饰 NP 的解读。

　　在黎语中，形容词一般出现在名词的右边缘，修饰该名词。但是在数量词短语中，名词右边缘的形容词不能获得修饰量词的语义解读。此外，黎语形容词还表现出一些独特的句法属性。在第四章，我们将讨论黎语形容词短语和关系短语等论题。

第七节 本章小结

本章提出一个名词性短语句法理论方案，为黎语名词性短语句法的讨论提供一个理论框架。该方案主要涉及光杆名词的语义，名词的可数性，限定词 D 的指称，量词、数词，以及 DP 内部其他语类范畴的语序问题。为了方便讨论，本研究采用刘丹青（2008）对名词性短语定语的分类，即内涵定语和外延定语，从而把黎语名词性短语分为两大类，分别是内涵式名词性短语和外延式名词性短语。内涵定语指名词性短语中心名词的修饰成分，包括形容词、关系从句，外延定语指的是涉及名词性短语指称、量化属性的成分，包括指示代词、量词、量化词、数词等成分。当然，从形式句法学的角度来看，多数外延定语本质上不是名词的修饰成分，而是功能语类中心语的投射。在下一章，我们将讨论黎语外延式名词性短语。

第三章　黎语外延式名词性短语句法分析

外延定语指的是涉及名词性短语指称、量化属性的成分，包括指示代词、量化词、量词、数词等成分（刘丹青，2008）。从形式句法学的角度来看，外延定语本质上并非名词的修饰成分，而是功能语类中心语或功能语类中心语的标示语，我们把这一类名词性短语称为外延式名词性短语。名词性短语的研究主要围绕着名词性短语的指称问题而展开，此外，名词性短语内部各语类范畴的句法地位和句法表现也是学者们重点关注的问题。本章主要围绕这几个方面的问题讨论黎语的名词性短语。

第一节　名词性短语的句法投射

自 Abney（1987）提出限定词短语假设以来，充当论元的名词性短语是限定词（D）的最大投射，名词短语（NP）是 D 选择的补语，见下面表达式：

（1）[$_{DP}$ [D [NP]]]

DP 假设在英语一类语言中有明显的例证，因为英语存在专门的冠词，光杆名词单数独自无法充当论元［见例（2a）］，光杆名词单数只有被冠词选择后才可以充当论元［见例（2b,c）］。

（2）a. *Mary bought *book*.

　　b. Mary bought *a book*.

　　c. Mary bought *the book*.

一般认为，冠词的功能是把属性变成个体，使其充当事件的参与者（刘鸿勇，2020）。名词性短语的指称由冠词承载，例（2b,c）分别得到有指和有定的语义解读，两种不同的语义解读是不定冠词和定冠词的分野所致。由此看来，冠词赋予名词性短语指称，让名词指涉具体的实体，使名词语义从无界转化为有界[1]。冠词的这一功能类似于 T 在句子中的表现，T 把一个无界的事件转化为有界事件。从这个角度而论，冠词理应是一个功能性中心语。

随着学者们对不同语言名词性短语研究的推进，我们认识到名词性短语的指称功能并非只由冠词这一类词来承载。限定词中心语 D 有多种实现形式，例如，指示代词也是 D 的实现方式，尽管学者们对指示代词是位于中心语 D 还是它的标示语这个问题还没达成共识。除此之外，句法移位也是 D 的重要实现方式，这种观点认为在 D 为空语类的情况下，D 管辖的其他中心语如量词 CL、名词 N 都可能向 D 移位，以此实现名词性短语的有定义。这些理论设想皆可以用于黎语名词性短语的句法解释。名词性短语内部中心语移位可以刻画为以下所示：

（3）CL-D 移位：$[_{DP} [CL_i [t_iNP]]]$

N-D 移位：$[_{DP} [N_{i\,CLP}[t_i[_{NP}[t_i]]]]]$

第二节　黎语指示代词短语

黎语指示代词有近指（neix）、中指（hauux）和远指（max）之分，位于名词性短语右边缘，和数量名短语构成有定短语。当然，现代黎语也存在指示代词在左的语序，但无论是学界还是黎族母语者都普遍认为这是黎汉两种语言接触所致。指示代词在右是黎语的显赫语序，是非常能产的结构，见下例：

（4）fus　　bhuis　　qias　　max
　　三　　　本　　　书　　　那
　　"那三本书"

（5）zuu　　fats　　veengs　　neix
　　一　　　件　　　衣服　　　这
　　"这一件衣服"

---

① "有界"和"无界"的说法见沈家煊（1995）。

（6）a. Zuu　fats　veengs　neix　ban.
　　　一　　件　　衣服　　这　　新
　　　"这一件衣服是新的。"

　　b. Zuu　lang　duis　max　long.
　　　一　　头　　水牛　那　　大
　　　"那一头水牛很大。"

　　c. Zuu　lang　duis　max　lax　gats.
　　　一　　头　　水牛　那　　吃　草
　　　"那一头水牛在吃草。"

黎语指示代词短语用树形图表示如下：

（7）

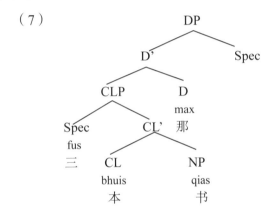

　　黎语是 SVO 型语言，属于典型的中心语在前（head-initial）语言，但是，黎语名词性短语表现出中心语在后（head-final）的句法属性。我们认为，指示代词具有"有定"的语义功能，位于限定词中心语 D（或其标示语）的位置上。黎语指示代词出现在名词性短语右边缘位置，因此表现出一种中心语在后的句法属性。关于名词短语指示代词位于右边缘的句法现象，Simpson（2005）做了深入的讨论。他认为很多东南亚语言（如泰语）都是比较典型的中心语在前语言，但是光从 DP 内部来看，它们似乎又是中心语在后语言，因为数词 Num、量词 CL 和指示代词 Dem 全部出现在名词之后。Simpson（2005）认为东南亚语言 DP 短语的语序不是基础生成（base-generated），而是 NP 移位所致。如果按照 Simpson（2005）的分析方案，黎语 DP 中指示代词在右边缘的语序也应该用移位说来加以解释。关于 DP 内部 NP 移位的动机问题，Simpson（2005）首先讨论几种解释方案，最终认为这种移位是对早期某种状语结构的重新分析（reanalysis）。黎语不同于泰语，其 DP 短语与马来语一样，数、量词在名词前面，指示代词在名词后面。例（7）中树形图的结构显示，整个量词短语 CLP 位于 D 的左侧，若是采用移位说，移位的并非 NP，而是 CLP。

同一种语言不同结构出现中心语参数不一致的现象也较为多见。例如汉语标句词 C 居于句子右边缘，而 C 是中心语，因此这表现出中心语在后的句法属性。学界普遍认为句末助词（如"了"）位于 C 的句法位置。为了遵守中心语参数一致的原则，许多学者对汉语句末助词的句法分析也采用移位说的解释方案。邓思颖（Tang，1998）提出，对于汉语而言，位于 C 补语位置的 IP 提升移位至标句词 C 标示语位置，如下图（邓思颖，2000：150）所示：

（8）

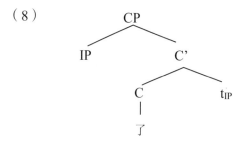

按照邓思颖（Tang，1998）的句法操作思路，我们也可以设想黎语中位于 D 补语位置的量词短语 CLP 向 D 的标示语位置移位，从而推导出"数+量+名+指"短语。按照这种分析，上图（7）的结构不是基础生成的结构，而是通过移位而来。见下图：

（9）

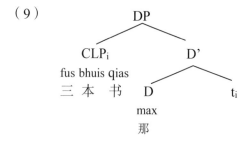

如上图所示，量词短语从 D 的补语位置向 D 的标示语位置移位，生成数+量+名+指的短语语序。但是，这种移位分析存在理论上的问题，即补语位置

的成分移至同一个中心语的标示语位置，这违反了逆局域限制条件（anti-locality constraint）（Abels，2003；Boeckx，2007），见例（10）。

（10）Anti-locality hypothesis（逆局域限制条件）

　　　Movement must not be too local.（移位不能太过局部。）

上面逆局域限制条件规定补语-标示语移位不能在同一个短语内进行。因此，例（9）图示中黎语量词短语 CLP 从 D 的补语向 D 的标示语移位，这不是一个好的解决方案。

Huang et al（2009）分析汉语人称代词+指示代词短语（如"他们这些学生"）指出，在该结构中人称代词和指示代词都作有定的语义解读，因此在句法上理应位于 D 的位置。但是，人称代词和指示代词如何能同时出现在同一个名词性短语中？为了解释两者同现现象，Huang et al（2009）提出两种可能的方案，一是设想存在双层 D 投射，人称代词和指示代词分别占据一个中心语 D 的位置。另一种设想是认为人称代词嫁接到指示代词上，形成一个"双头"D 结构。Huang et al（2009）最终采用后一种分析方案，见下图所示：

（11）

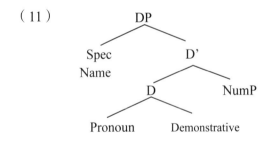

（Huang et al，2009：316）

实质上，Huang et al（2009）要解释的结构远比这复杂得多，因为该结构还涉及专有名词。如上图所示，他们认为专有名词位于 D 的标示语位置，人称代词嫁接到指示代词之上，共同构成一个 D。我们认为人称代词和指示代词都是独立语素，人称代词嫁接到指示代词之上显得不太合理。

Huang et al（2009）的第一种设想，即双层 DP 的投射设想，给我们很大的启发。按照两层 DP 投射的设想，我们就可以假定黎语名词性短语中 CLP 从下一层 DP 的补语移至于上一层 DP 的标示语，如下图所示：

（12）

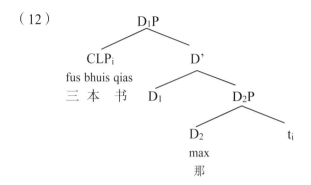

这种设想能够有效规避违反逆局域限制条件的移位［例（9）］，但是，双层 DP 投射的假设也同样面临一个动因问题，即 D 为何有两层投射？我们认为，从理论构建的角度讲，双层 DP 投射是合理的。在第二章我们曾指出，早在生成语法创立之初，句法学家们就注意到名词性短语和动词性短语的平行关系。制图句法理论主张 C 分裂，以此解释句子的话题、焦点信息结构。Rizzi（1997）最早提出句子左边缘结构（Left Periphery）这一句法概念，并指出人类语言的话题和焦点成分就分布在这个区域上，如下图（张志恒，2013：10）所示：

（13）CP > 话题* > 焦点 > 话题* > IP

在例（13）的结构中，"话题"后面的 "*" 表示话题能以递归方式重复出现，而 ">"标示线性顺序的前后，反映结构上的高低。也就是说，在句子左边缘结构上话题能以递归方式分布在焦点之上或者之下（参阅张志恒，2013）。从这点出发，我们也有理由认为 D 的结构也不是单一的，DP 左边缘同样可以分裂出不同的投射，双层 DP 投射是 D 分裂所致。

对于 DP 分裂现象，学界有不少讨论，但讨论的句法现象不尽相同。有些学者关注到 DP 分裂出来的成分（如 D 的补语）移位到 CP 辖域的现象。但是，这种句法现象实质上不是中心语 D 的分裂，与我们所主张的 DP 分裂不同。例如 Giurgea（2006）分析了德语、罗马尼亚语等欧洲语言，发现普遍存在这样的现象：限定词 D 留在原位，限定词 D 的补语从 DP 分裂出去，进而移至句首，获得话题的语义解读。

（14）a. Cărti   am   cumpărat   multe.   （罗马尼亚语）

　　　books   I-have   bought   many

　　　"书我买了很多。"

　　b. Bücher　habe　ich　viele　gekauft.　（德语）

　　　books　have　I　many　bought

　　　"书我买了很多。"

（Giurgea，2010：1）

实质上这是比较典型的话题结构，是一种常见的句法移位，并非我们所言的 D 分裂。Butler & Mathieu（2005：1）也关注到另外一种 DP 分裂结构，见下例：

（15）a. [CP Combien$_i$　as-tu　lu　[DP e$_i$ de livres]]?　（法语）

　　　　how-many　have-you read　　　of books

　　　　'How many books have you read?'

　　　　"你读了多少书？"

　　b. [$_{CP}$ [$_{DP}$ Combien　de livres]$_i$　as-tu　lus　　e$_i$]?

　　　　how-many of books　　　have-you　read-AGR

　　　　'How many books have you read?'

　　　　"你读了多少书？"

在例（15a）中，疑问词 Combien "how many" 从 DP 分裂出来，移位到 CP；例（15b）中疑问词 Combien 带上（pied-pipe）整个 DP 移位到 CP。这当然也不是我们所言的 D 分裂。

　　Szabolcsi（1992）（引自田启林，2016：19）认为 DP 对应于句子 CP，并且 DP 可以有两层投射，见下图所示：

（16）

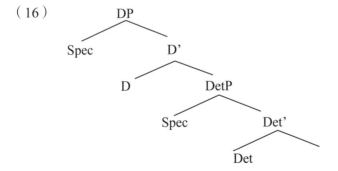

Szabolcsi（1992）认为冠词和标句词 that 类似。冠词合并在较高的 D 位置，指示代词合并在较低的 DP 位置，即占据 DetP 的中心语 Det 位置。在形式上，我们主张的 D 分裂与 Szabolcsi（1992）完全一致，但在具体的句法语义解释上，我们与其不同。事实上，在语境允许下，黎语名词性短语有定义的解读并不要求指示代词强制出现，如在下例中，数+量+名短语本身可以表有定义，指示代词可以省略。

（17）zuu　　fans　　kous　　(max)　　ghans

　　　　一　　　条　　　裤子　　（那）　　红

　　　"那一条红裤子"

在上例中，指示代词的省略需要满足一个条件，即所谈论的对象"一条裤子"必须在谈话人的跟前，也就是在对话双方目光所及范围内。这似乎能说明，黎语的指示代词具有一种强化、确认功能，类似于 CP 的焦点结构。如果谈论的事物在说话现场，无需对其进行强化、确认，因此，指示代词就显得没有必要。只要所谈论的事物不在现场，尽管是谈论说话双方都知晓的事物，指示代词就必须出现。故此，我们推断在黎语双层 DP 结构中，下层 D 对应 CP 的焦点结构，数量名短语从其补语的位置移至上一层 D 的标示语位置，以此允准空语类 D。这种移位遵循了 Dimitrova & Giusti（1998）的词汇插入经济原则：

（18）词汇插入经济原则（PELI）

　　　　一个功能投射必须得到允准，可以通过

　　　　a. 使其标示语可见，并且/或者

　　　　b. 使其中心语可见。

词汇插入经济原则（PELI）要求要么中心语，要么标示语得到词汇的填充从而允准一个功能句法投射。

　　为了更好地区分与表述，我们把上一层 D 标示为 D_{Ref}，下一层 D 标示为 D_{Foc}。按照 D 的特征分解分析（见第三章的讨论），D 投射带有一个固有特征[Ref]（指称性），如果没有这个特征，D 就不会投射。此外，D 可能携带[I.know]和[Y.know]两个选择性特征。当 D 同时带有[I.know]和[Y.know]两个特征，就得到有定的解读；D 选择[I.know]和[Y.know]中任何一个特征，就得到有指的解读。我们认为，在 D 的分裂结构中，D_{Ref} 仍然是指称性的句法节点，承载指称性特征[Ref]。D_{Foc} 表示强化、确认的功能，是一种焦点结构，因此 D 的两个选择性特征[I.know]和[Y.know]在 D_{Foc} 上实现。换言之，在 D 分裂结构中，D 的特征束也得到分裂。黎语双层 DP 语义功能的分工可以描述为下图：

（19）

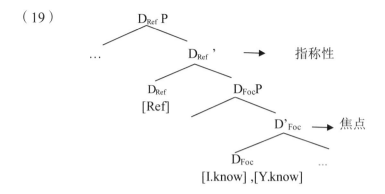

因此，例（12）中的黎语 DP 短语可以重新表示如下：

（20）

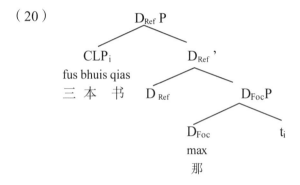

如上图所示，数+量+名短语从 D_{Foc} 的补语位置移至 D_{Ref} 的标示语位置，以此允准空语类中心语 D_{Ref}。D_{Foc} 中心语由指示代词 max（那）充当，实现一种焦点解读。

DP 内部焦点结构也得到其他学者的注意。例如，刘鸿勇（2020）在对腊罗彝语核心词内置关系短语的分析中就提出话题和焦点结构。请看下面例子和句法分析：

（21）[mu^{31} ka^{33} a^{55}vi^{31} hõ^{55} ta^{31} a^{55}]

木 嘎 猪 喂 助词 名物化

"木嘎喂的猪"

（22）

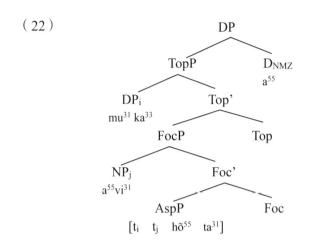

（刘鸿勇，2020：210—211）

在例（21）的关系短语中，核心名词 a^{55}vi^{31}（猪）内置于关系从句之内。上图的分析表明，关系从句是一个体貌短语，基础生成于焦点短语的补语位置，然后经历一系列的移位操作，最后生成现有的结构。有关细节，在此暂不赘述，黎语关系短语我们将在第三章讨论。

双层 DP 的假设也能解释其他少数民族语言里指示代词在同一个名词性短语里出现两次的现象。例如在景颇语中，同一个指示代词可以同时出现在名词的左右两端，见下例所示：

（23）ndai　mu　ndai

　　　这　　事　　这

　　"这件事"

（刘鸿勇，2020：113）

刘鸿勇（2020）区分两种指示代词，一种是形容词性指示代词，一种是限定词。按照他的说法，上例中名词前的 ndai 是形容词指示代词，只是起到修饰名词的作用；名词后的 ndai 是真正的限定词 D，赋予整个名词性短语有定。这种区分的一个证据是名词前指示代词不能以复数形式出现，而名词后指示代词能够以复数形式出现。

（24）a. ndai　mu　ndai-ni

　　　　这　　事　这些

　　　"这些事"

b. *ndai-ni　mu　(ndai-ni)

　　这些　　事　　这些

　　"这些事"

上例的确反映出指示代词在名前和名后的句法属性差异，但是，我们认为这还不足以证明名前指示代词起到形容词修饰的作用。此外，作为形容词修饰的指示代词具有什么语义内涵？在刘鸿勇（2020）的讨论中我们未能看到相关的解释。就此而言，似乎缺乏充分的证据证明名前指示代词不是限定词D，因此，指示代词的这种句法表现似乎也可以看成是两层DP显性投射的一个例证。

　　实质上，定冠词和指示代词在同一个名词性短语内同现的现象在多种语言中都有明证。见下例：

（25）a. el　hombre　este　（西班牙语）

　　　　the　man　　this

　　　　'this man'

　　　　"这个男人"

　　　b. omul　acesta　（罗马尼亚语）

　　　　man-the　this

　　　　'this man'

　　　　"这个男人"

　　　c. cɛ　ɑ　hɑɛ　（匈牙利语）

　　　　this　the　house

　　　　'this house'

　　　　"这所房子"

　　　d. ika　n　anak　（爪哇语）

　　　　this　the　child

　　　　'this child'

　　　　"这个男孩"

（Bernstein，1997：92—93）

　　学界对指示代词的句法地位实际上并没有统一的看法。有学者主张指示代词占据中心语D的句法位置（Li，1998，1999；Chan，1999；Yang，2005等）。Giusti（1993）主张指示代词位于D之下一致性短语AgrP的标示语位置，指示代词在后的语序是 N 向 D 移位所致，如例（25b）罗马尼亚语的例子所示。指示代词在前的语序则是因为位于 AgrP 的标示语位置的指示代词向 DP 的标示语移位所致，如例（25d）爪哇语的例子所示。Bhattacharya（1998）同样认为，指示代词可能是从比较低的句法位置移位到 DP 辖域内。Bernstein（1997）观察到指示代词的语义是模糊的，有时获得指示（deictic）的语义解读，有时获得无定的语义解读，这不同于 D，因为显性的 D 一定是有定的解读。Bernstein（1997）指出，英语的指示代词也表现出这种句法特点。例如在下例中，例（26b）中的短语就是不定的解读，在比较口语化的表达中，这种指示代词短语甚至可以出现在存现句中［例（27）］。

（26）a. this woman (right here)

= this woman   (deictic)

b. this woman (from Paris)

= a woman   (indefinite specific)

（Bernstein，1997：95）

（27）There's this book (that) you ought to read.

（Bernstein，1997：95）

与 Giusti（1993）的分析类似，Bernstein（1997）也认为指示代词生成于 DP 以下的某个功能投射。但略有不同的是，Bernstein（1997）认为 DP 之下存在一个强化结构（reinforcement constructions）XP，指示代词基础生成于 XP 的标示语位置。这样的结构可以用法语的例子表示如下：

（28）[$_{FP}$ ce [$_{F'}$ –ci]

this   here

（Bernstein，1997：97）

上例中 ci 即是强化功能词，指示代词 ce 位于它的标示语位置。在法语中，我们还可以发现名词位于指示代词和强化功能词之间的结构，Bernstein（1997）认为这是因为名词进行左向移位，嫁接在强化功能词之上。如下例所示：

（29）a. cette   femme-ci   （法语）

this   woman-here

'this woman'

"这个女人"

b. ce　livre-là

that　book-there

'that book'

"那本书"

（Bernstein，1997：98）

在非正式的英语表达中，也能发现类似的结构，见下例：

（30）a. this here guy

b. that there car

（Bernstein，1997：95）

我们认为 Bernstein（1997）的讨论颇有见地，以上的例证表明：指示代词不完全等同于功能中心语 D。指示代词存在跨语言的句法差异，就像 Bernstein（1997：95）所说的那样：

… the (true) demonstrative is not syntactically homogeneous cross-linguistically, an idea that has not been independently justified（……从跨语言来看，真正的指示代词的句法表现并不是同质的，这个观点迄今未得到专门的论证。）

但是，我们认为没必要专门给名词性短语强化功能设定一个新的句法节点，把它视为 DP 分裂的焦点功能投射更具合理性。如前述所言，这种设想与 CP 分裂说有共通之处，DP 分裂出来的焦点功能投射类似于 CP 分裂出来的焦点结构。这种分析方案也能解释汉语复杂名词性短语，如"张三这个人"这样的结构。

（31）

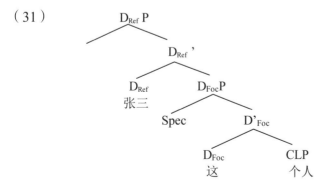

以上图示中，"这个人"位于 D_{Foc}P 短语内，专有名词"张三"位于 D_{Ref} 位

置①。如果指示代词缺省，该短语就会变成不合法的表达［例（32）］所示。焦点功能词投射，需通过词汇填充获得允准。

（32）*张三个人

汉语还有更复杂的名词性短语，如"张三他们这三个人"，我们认为在这样的结构中，"他们"位于 D_{Ref}，"这"位于 D_{Foc}，专有名词位于 D_{Ref} 的标示语位置。标示语"张三"的功能是对"他们"进行限定，即明确"他们"是以"张三"为代表的一群人。"张三他们"并非指一群都叫"张三"的人。位于 $D_{Foc}P$ 的"这"起到强调的作用。

黎语中也有与汉语类似的结构。这表明，在黎语的 D 分裂结构中，D_{Ref} 并非总是空语类，在下面的结构中，D 是有词汇填充的。

（33）*Bais   hueix   lang   au   neix   hlen   beis nyas.*
　　　 女　　 花　　 个　　 人　 这　 好　　 非常
　　　"小花这个人很好。"

上例中专有名词 bais hueix 占据了 D_{Ref} 的句法位置，指示代词 neix 位于焦点功能投射 $D_{Foc}P$ 的中心语位置。但是，黎语没有对应于汉语"张三他们三个人"的说法，下例的表达是不能被接受的。

（34）*Bais   hueix   kun   fus   lang   buentt   eis.*
　　　 女　　 花　　 他们 三　 个　　 来　　 了
　　　"小花他们三个人来了。"

在黎语中，一般会具体说谁和谁一起来了，而不是以"小花"作为代表来表示特定的几个人。当数词为"一"的时候，数词同样可以省略，以指+量+名短语出现，如下例所示：

（35）*Bhuis   qias   max   man   dhes   as pans   cat.*
　　　 本　　 书　　 那　 是　　我　　 昨天　　 买
　　　"那一本书是我昨天买的。"

（36）*Lang   duis   neix   dzuengs   kauus   ges.*
　　　 头　　 牛　 这　 卖　　　 低　　 价格
　　　"这一头牛卖的价格低。"

在上例的量+名+指短语中，量词短语 CLP 从 $D_{Foc}P$ 的补语位置移至 D_{Ref} 的

---

① 需要指出的是，专有名词也有普通名词用法，因此也可以生成于 N 位置。

标示语位置，从而允准 D 的投射，如下例表达式所示：

（37）[$_{DRefP}$ [CLP$_i$ D$_{Ref}$　[$_{DFocP}$ [D$_{Foc}$ t$_i$]]]]

这种移位和数+量+名+指短语的推导没什么区别，所不同的是 CLP 的标示语位置没有数词 zuu（一）的填充。黎语量+名+指短语在数量上均表示"一"的概念，在该结构中我们总能把 zuu 给补充出来。关于数词"一"的省略，学者们（如熊建国，2008）普遍认为这是语音上的某种省略，在语义层面数词"一"仍然是存在的。

　　在黎语中，不光数词可以省略，量词有时候也可以省略，以名+指短语形式出现，如下例所示：

（38）a. guett　neix

　　　　路　　这

　　　　"这条路"

　　　b. blungs　max

　　　房子　　那

　　　"那房子"

　　　c. veengs　neix

　　　衣服　　这

　　　"这上衣"

在名+指短语中，名词短语 NP 移至 D$_{Ref}$ 的标示语位置，D$_{Ref}$ 因此得到允准。如下图所示：

（39）

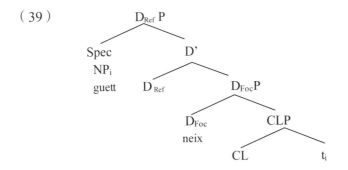

在以上图示的名词性短语中，移位的是整个 NP，而不是中心名词 N，因为 D$_{Foc}$ 已经被指示代词 neix 占据，N 无法越过 D$_{Foc}$ 而抵达 D$_{Ref}$，如果那样，就会违反中心语移位原则 HMC（Travis，1984）。按照 HMC 的原则，一个中

心语一次只能移至离它最近的另一个中心语，换言之，中心语移位时不能越过其他中心语。因此，中心语移位必须循序渐进地进行。上图中，D_Foc 已被指示代词 neix 占据，N 无法经过 D_Foc 再接着向 D_Ref 移位。

以上分析方案产生一个问题：在名+指短语中，量词中心语 CL 难道没有投射吗？按照我们的分析方案，量词对名词进行语义分割，实现名词的可数性，因此在有指称的可数名词性短语中量词的投射是必然的。但是，CL 的投射同样需要满足 PELI 原则。故此，我们认为 NP 向 D_Ref 的标示语移位并非一次性移位，而是先移至 CL 的标示语位置，满足 CL 投射的允准条件，最终移向 D_Ref 的标示语位置。这种移位重新描述为下图：

（40）

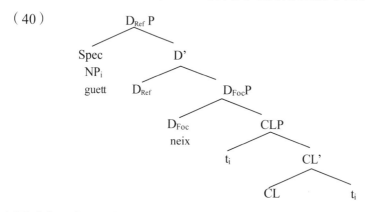

以上图示中，名词短语 NP guett 从 CL 的补语位置先移到 CL 的标示语位置，满足中心语 CL 的允准条件，然后再移到 D_Ref 的标示语位置。这里需要做两点说明：1）NP 移至 CL 的标示语位置是中间停留，不是最终移位，故而不违反逆局域限制条件；2）NP 不需要移到 D_Foc 的标示语位置，因为D_Foc 已经有词汇填充，无需通过 NP 填充其标示语而获得允准。

第三节　黎语数量名短语

上一节讨论了指示代词短语，我们提出黎语的指示代词是 DP 分裂出来的一种强化功能词，是名词性短语的焦点。Lyons（1999）认为有定指称是某个实体具有可辨别性或具有包含性，而位于 D_Foc 位置的指示代词即是通过一种强化、确认来达成事物的可辨别性。在上节，我们把黎语名词性短语刻画为两层 DP 的投射结构，重新列举如下：

（41）

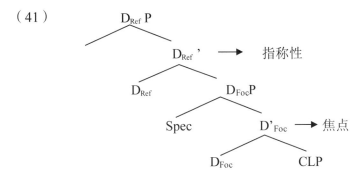

两层 DP 都需要满足词汇插入经济原则（PELI），即中心语或标示语必须得到词汇的填充。在指示代词短语中，位于 $D_{Foc}P$ 补语的 CLP 移至 $D_{Ref}P$ 的标示语位置，使 D_{Ref} 得到允准。

在上一节我们指出，如果谈论的事物在说话现场，数+量+名短语不需要借助指示代词也可以让说话双方得到确认，产生一种有定的解读。我们认为，在这种情形中，数+量+名短语的有定义解读实质上是"指示"（deictic）义，这种指示义由语境赋予，是一种语用现象。一般而言，黎语数+量+名短语是无定的。这一结构只有一层 DP 的投射，即没有 $D_{Foc}P$ 投射。既然 D_{Foc} 没有投射，数+量+名短语显然不是由 $D_{Foc}P$ 的补语位置移至DP。无定数+量+名短语受 D 的选择，生成于 D 的补语位置。如下图所示：

（42）

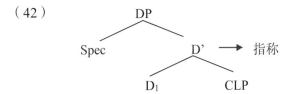

至此，我们需要解释为何 DP 不能获得有定义？按照 D 的特征分解分析（见第二章讨论），D 的投射带有一个固有特征[Ref]（指称性），如果没有这个特征，D 就不会投射。此外，D 可能携带[I.know]和[Y.know]两个选择性特征。当 D 同时带有[I.know]和[Y.know]两个特征，就得到有定的解读；假如D 选择[I.know]和[Y.know]中任何一个特征，就会得到有指的解读。如果[I.know]和[Y.know]两个特征都不被 D 选择，D 就得到无指（有指称义）的解读。

当 D 不同时选择[I.know]和[Y.know]特征，DP 只获得无定的解读。无定DP 短语分为两种，分别是有指和无指。当 D 携带了[I.know]和[Y.know]其中一个特征，DP 作有指解；当 D 不携带两个特征中的任何一个，DP 作无指解，在此情形下，D 的投射自然携带固有特征[Ref]，因此无指解的 DP 也是具有指称义的，如下例所示：

（43）Dhes guu cat *zuu lang duis*.

       我   想   买   一   头   牛

       "我想买一头牛。"

（44）Zaux *fuety lang kun <u>as dza</u>* zungs dhuu fau cai.

       有   十   个   们 老人   坐   在   下   树

       "有十个老人坐在树下。"

例（43）中数+量+名短语获得指称义，却是无指的，其中 zuu lang duis 不指向任何特定的某一头牛，无论是说话者还是听话者都无法确定是哪一头牛。但是，它的确是指世界上所有牛的集合里的某一个个体。而在例（44）中，*fuety lang kun <u>as dza</u>* 是有指的无定名词性短语，也就是说，说话人清晰地知道"十个老人"所指，但是听话者无法对此辨别。

学者们（Chao，1968；Li & Thompson，1981；Li，1998；Huang et al，2009）普遍关注到汉语无定名词性短语不可以出现在主语或者话题的句法位置，除非得到存现句标记"有"的允准，即"有"出现在其前面。黎语数+量+名短语和汉语的相应结构一样，常常出现在宾语的位置，这是因为做宾语的无定指数+量+名短语可以得到动词的管辖。当它出现在主语的位置上时，无定数+量+名短语通常也需要 zaux（有）的允准。但也有例外，如下例所示：

（45）Zuu lang duis lax gats, zuu lang duis okk noms.

       一   头   牛   吃   草， 一   头   牛   喝   水

       "一头牛吃草，一头牛喝水。"

Shyu（1995）发现，瞬间性质谓词（stage-level）允许无定数+量+名短语做主语；恒久性质谓词（individual-level）不允许无定数+量+名短语做主语。这种区分在汉语中也很常见［见例（46）］。然而，Shyu（1995）认为，对从句而言，恒久性质谓词照样允许无定数+量+名短语做主语［见例（47）］。

（46）a. 一个人来了，正在念书。   （瞬间性质谓词）

       b. *一个人很聪明/高。   （恒久性质谓词）

（47）如果一只大象鼻子很长，那一定很可爱。

（Huang et al，2009：320—321）

Huang et al（2009）发现，其实并非所有瞬间性质谓词都允许无定数+量+名短语做主语，在汉语中可以发现许多反例，见下例：

（48）a. ??（有）一个人看过他的电影。

　　　b. ??（有）一个人没有/不看他的电影。

　　　c. ??（有）一个学生那时候在学校。

（Huang et al，2009：321—322）

Huang et al（2009）认为凡是主题判断（thematic judgement）的句子都允许无定数+量+名短语做主语。主题判断的句子描述说话人对一个现实情景的简单认知，是对现实情景认知的一种直接的反应。包含恒久性质谓词的句子指谓一个个体的永久属性，当然无法表达主题判断，故此无法允准无定数+量+名短语做主语。当然，包含瞬间性质谓词的句子也未必总是表达一种情景的感知，因此，在某些情形下，不允许无定数+量+名短语做主语。

Li（1998：695）观察到在有些语句中，句首数+量+名短语不需要"有"的允准也可以成立，但实质上这样的数+量+名短语并不指称个体，而是指谓一种"数量"，见下例：

（49）a. 五个小孩吃不完十碗饭。

　　　b. 三个保姆就照顾你一个小孩啊？

例（49a）表达五个小孩的饭量无法与十碗饭的量相抵；（49b）表达三个保姆的劳动量只能照顾一个小孩。两个语句的名词性短语都不指谓任何个体。从结构上来看，Li（1998）认为这样的语句并非 D 的投射，而是 Num 的投射，如下例所示：

（50）[$_{NumP}$ 五个小孩]

Li（1998）的一个很重要的证据是表示数量的名词性短语无法和句子中其他成分（如人称代词）构成共指的关系。如在下例中，"他们"无法回指"三个人"。

（51）*三个人$_i$抬不动这架钢琴，他们$_i$的力量太小。

但是，如果表示数量的名词性短语不是 DP，那么它如何能出现在主语的位置？因为只有 DP 才能充当论元（Longarbardi，1994）。此外，从类型理论角度来看，数量短语充当主语也会导致语义不匹配。

（52）

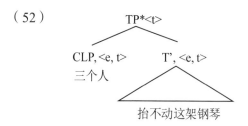

需要注意的是，在我们的分析框架中，数量短语的是中心语 CL 的投射，数词位于 CL 的标示语位置。如上图所示，位于 T 标示语位置的 CLP 的语义类型是<e,t>，而 T'的语义类型也是<e,t>，合并之后无法推导出<t>的语义类型（TP 的语义类型），因此整个推导式失败。为了解决这个问题，我们引入 M-算子（measure operator），M-算子对 CLP 实施操作，把 CLP 从<e,t>语义类型变为<e>的语义类型。这种设想还能较好解释数量短语（CLP）计量语义解读。如在下例的 a 句中，"三瓶"指谓的是容量，而不是个体化的三瓶酒。

（53）a. 他喝了三瓶的酒。

　　　b.*他打碎了三瓶的酒。

个体化的解读依赖 D 的投射，也就是说，CLP 只有被 D 选择，投射为DP，才能指称个体；如果不被 D 选择，CLP 就得到 M-算子的操作，从而获得计量的解读。简言之，表数量的数+量+名短语不是 DP，而是得到 M-算子操作的 CLP；无定数+量+名短语是 DP。在黎语中，也同样存在表数量的数+量+名短语，如下例所示：

（54）a. Fus　lang　au　zon　zuu　gas/hom　tengx.

　　　　三　　个　　人　睡　一　　张　　　床

　　　b. Zuu　gas/hom　tengx　zon　fus　lang　au.

　　　　一　　　张　　　床　　睡　三　　个　　人

　　　c. Zuu　taux　tax　gax　zieng　ba　lang　au　lax.

　　　　一　　锅　　饭　不　够　　五　个　　人　吃

　　　d. Ba　lang　au　lax　zuu　taux　tax.

　　　　五　个　　人　吃　一　　锅　　饭

数+量+名短语的语义是丰富的，不同的语义解读揭示其不同的句法生成机制，以上我们讨论该结构的无定语义解读和数量义解读。对语料稍加考察，我们不难发现数+量+名短语还有类指的用法。如在下列汉语的例子中，"一只青蛙"取类指义，它并非指某一只青蛙，而是泛指所有的青蛙。

（55）一只青蛙四条腿。

Dayal（2004：394）曾指出："目前还没有哪种语言专门有一个限定词专门表达种类语义。"的确，通过考察英汉名词性短语，我们发现，无论是光杆名词还是限定词短语都有类指的用法。既然无法给类指义设定某一专门的句法节点，按照表数量义解读的分析思路，我们引入 Diesing（1992）的类指算子（Generic Operator）来解释数+量+名短语的类指义。Diesing（1992）提出一种映射假设（Mapping Hypothesis），把句子按照逻辑表征分为限制小句子（restrictive clause）和核心域（nuclear scope）两部分，它们把表层结构映射到逻辑表征。具体假设见下所示：

（56）Mapping Hypothesis（映射假设）

Material from VP is mapped into the nuclear scope.

（VP 域内材料被映射都核心辖域。）

Material from IP is mapped into a restrictive clause.

（IP 域内材料被映射到限制小句内。）

（Diesing，1992：10）

Diesing（1992）设定一个抽象的类指算子 Gen，该算子约束限制小句里的变量。Diesing（1992）还认为逻辑表征和句法结构有紧密相关。她认为对于瞬间性质谓词和恒久性质谓词两种不同的谓语，其主语的生成是不一样的。在瞬间性质谓词中，主语基础生成于 VP 内部，然后移位至 IP 的标示语位置，然而在恒久性质谓词中，主语基础生成于 IP[①]的标示语位置，控制着 VP 内部的空语类 PRO。这种假设能解释光杆名词复数在瞬间性质谓词中既能有存现义的解读也能有类指义的解读，如下例所示：

（57）a. Firemen are available.

b. $\exists_x x$ is a fireman $\wedge$ x is available　　（存现义）

c. $\text{Gen}_{x,t}[x$ is a fireman $\wedge$ t is a time$]$ x is available at t

d. $\text{Gen}_t[t$ is a time$]$ $\exists_x x$ is a fireman $\wedge$ x is available at t.　　（类指义）

---

① 在本研究中，IP 和 TP 并无二致，之所以两者都使用是因为我们保留了参考文献原文的术语。

（Diesing，1992：16）

按照 Diesing（1992）的解释，上例中主语 fireman 从 IP 的标示语位置下降到 VP 辖域内从而获得存现义的解读。当主语停留在 IP 的辖域，它就受到 Gen 算子的约束从而获得类指义的解读。但是，恒久性质谓词的主语不能下降到 VP 辖域内，因此在 LF 层面必须映射到限制小句内，因此只能获得类指义的解读。类指义的解读如下例所示：

（58）a. [$_{IP}$ Opera singers [$_{VP}$ PRO know Italian]].

　　　b. Gen$_x$ [x is an opera singer] x knows Italian

（Diesing，1992：27）

我们坚持统一的 VP 内部主语假说（VP-Internal Subject Hypothesis）（Fukui，1986；Pollock，1989；Chomsky，1995），即主语都是基础生成于 VP 内部，然后移至 TP 的辖域 [见例（59）]。句法上移位并不代表 LF 层面移位，只有主语在 LF 移至 TP 辖域，即限制小句域内，就受到 Gen 算子的约束。类指义的主语都是在 LF 层面移至 TP 辖域，从而受到 Gen 算子的约束。也就是说，类指义无关乎谓语的类型，而是满不满足 Gen 算子约束的条件。

（59）

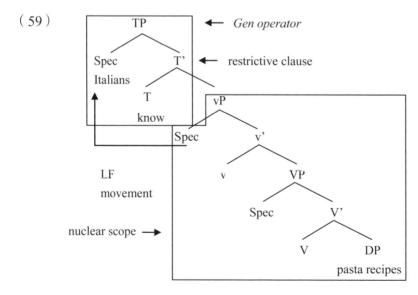

如上图所示，主语 Italians 从 vP 的标示语移向 TP 的标示语位置，TP 位于限制小句区，该区域的 Gen-算子约束主语 Italians，从而赋予类指义。设定 Gen-算子就自然否定了类指义和特定句法节点的关系。换言之，语言中没有特定的句法结构专司类指的语义解读。按照这一思路，表类指义的数+量+名仍是 DP 短语，类指义是 TP 域 Gen-算子操作所致。这种设想较为简约，为类指义给出一个统一的解释。

　　黎语类指数+量+名短语和无定数+量+名短语一样，基础生成在 D 的标示语位置，DP 在 TP 域受到 Gen-算子操作而获得类指义，如下例所示：

（60）a. *Zuu　lang　gauux*　zaux　caus　puents　ha.

　　　　一　只　青蛙　有　四　条　腿

　　　b. *Zuu　lang　pas man*　li　kueng　laix　dax.

　　　　一　个　男人　应　会　犁　田

　　在本节，我们考察了黎语数+量+名短语，该结构的语义较为丰富，既有无定的解读，也有计量解读，还有类指的解读。不同语义解读表明该结构的句法生成结构迥异。我们认为无定数+量+名短语是一个无定的 D 投射，即 D 没有同时携带[I.know]和[Y.know]特征；计量的数+量+名短语并非 D 的投射，而是 CLP 受 M-算子的操作所致；类指数+量+名短语 DP 在限定小句内受 Gen 算子的约束而产生类指的解读。

第四节　黎语领有短语

　　黎语领有短语通常不需要结构助词来辅助。在领属短语中，人称代词位于名词右侧，如下例所示：

（61）a. guekk　dhes

　　　　弟弟　我

　　　　"我弟弟"

　　　b. bais dza　dhes

　　　　妈妈　我

　　　　"我妈妈"

　　　c. toks kun　zhangsan

　　　　朋友　张三

　　　　"张三的朋友"

在汉语中，有些领有短语不能省去领有标记"的"，但是，黎语中，领有短语一律可以不用领有标记。这种对比如下例所示：

（62）a. 我*（的）腿

b. ha　dhes

腿　我

"我的腿"

（63）a. 我*（的）书

b. qias　dhes.

书　我

"我的书"

当然，当领有对象（possessee）是物体时，也可以使用一个领有标记 guux。但是表亲属关系的领有短语，领有标记 guux 的使用会导致不合语法。请看下例：

（64）a. tax　guux　　　dhes

饭　领有标记　我

"我的饭"

b. ghuekk　(*guux)　dhes

弟弟　领有标记　我

"我的弟弟"

在分析黎语领有短语前，我们需要讨论领有短语的句法问题。学界关于领有短语并非有一个统一的认识。因为在一些语言中，冠词/指示代词和领有名词（possessor）可以在同一个名词性短语出现［见例（65）和（66）］，这么看来，领有名词自然是位于 D 以下句法位置的成分了。

（65）a. La　mia　casa　è　ella　（罗马尼亚语）

the　my　house　is　beautiful

"我的房子很漂亮。"

b. il　mio　libro　（意大利语）

the　my　book

"我的书"

（田启林，2016：22）

（66）a. questo　mio　libro　（古英语）

this　　my　　book

"我的书"

b. his sio gode moder

　　his this good mother

"他的好妈妈"

（田启林，2016：23）

田启林（2016）认为 DP 对应于句子 CP，名词性短语自然存在一个对应于句子中的 TP，他把这一功能中心语命名为 F，功能中心语 F 分为两个功能语类，分别是 Poss 和 F，其中，领有名词生成于 Poss 的标示语位置，指示代词生成于 FP 的标示语位置。这种分裂分析旨在解决指示代词和领有名词同现的问题（见下例）。

（67）张三的那件衣服。

此外，学者们发现领有短语存在有定语义解读，这可以通过下例测试出来。汉语无定名词短语无法出现在主语的位置上，但是，"有"插入可以允准它［见例（68a）］。如例（68b）所示，"张三的书"却无法得到"有"的允准，因此该短语肯定不是无定的，因为有定效应（definiteness effect）阻止有定短语出现在存现结构中（Milsark，1974；Safir，1982；李京廉，2009）。根据这两点可以判断"张三的书"是有定的。

（68）a. *有三本张三的书*在这儿。

　　　b. **有*张三的书*在这儿。

（Huang，1982：64）

鉴于领有短语的有定解读，田启林（2016）认为 PossP 具有[有定]特征。我们的分析框架与此不太相同。如上节讨论那样，我们认为有定的解读是发生在 DP 域内，领有短语的有定解读可能是领有名词移位至 DP 辖域所致。进一步地讲，领有短语可能在较低的句法位置生成，但它可以移至 DP 辖域内，从而获得有定的语义解读。领有短语还可以出现在数量词短语的内部，见下例：

（69）那件张三的衣服

为了解释这样的结构，田启林（2016）提出另一个 PossP 的设想，即 CLP 内部的领有短语和 CLP 外部领有短语是两个不同结构，分别为 Poss$_1$P 和 Poss$_2$P。我们觉得这样的分析太过繁杂，过多地设置句法投射节点不是一个好的选择。如上面所言，领有短语可能基础生成于较低的句法位置（NP

内部），汉语有定领有短语可能是领有名词移位的结果。但是黎语领有短语
的句法位置可能没有那么低。如下例所示：

（70）fus　bhui　qias　dhes
　　　　三　　本　　书　　我
　　　"我的三本书"

上例中领有短语和汉语一样，作有定的语义解读，因为它无法出现在存现句
中。领有代词 dhes 基础生成于 D$_{Foc}$ 的标示语位置，CLP "三本书" 从 D$_{Foc}$
的补语位置移至 D$_{Ref}$ 的标示语位置，形成数+量+名+领有的语序，如下图
所示：

（71）

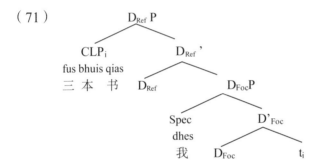

黎语领有短语缺乏结构助词，因此在上例结构中，中心语 D$_{Foc}$ 为空。在有
些情况下，指示代词 max 出现在 D$_{Foc}$ 的位置，形成数+量+名+领有+指短
语，如下例所示：

（72）Fus　bhui　qias　dhes　max
　　　　三　　本　　书　　我　　那
　　　"我的那三本书"

值得注意的是，在指示代词和领有代词同现的短语中，领有代词不能出
现在指示代词右侧，否则就会导致该表达式不合语法，如下例所示：

（73）*Fus　bhui　qias　max　dhes
　　　　三　　本　　书　　那　　我
　　　"我的那三本书"

黎语是中心语在前语言，在我们的分析中，中心语在后的表层结构皆是
移位所致。在例（72）中，领有代词 dhes 位于 D$_{Foc}$ 的标示语位置，指示代
词 max 位于 D$_{Foc}$ 中心语位置。在该名词性短语中移位的成分是数量词短语

CLP，其结构的句法生成如下图所示：

（74）

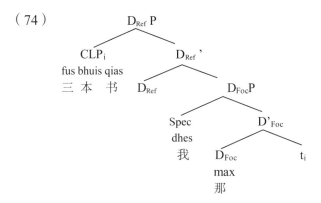

上图显示，D_{Foc} 的补语 CLP 向 D_{Ref} 的标示语位置移位。但是，根据发音人的语感，指示代词和领有名（代）词通常不共现。相比较复杂名词性短语，黎语母语者更倾向于用主谓短语来表达［见例（75）］。

（75）*Fus bhui qias max guux*[①] *dhes.*

　　三　　本　　书　　那　　是　　我

　　"那三本书是我的。"

从例（75）也能看出，即使领有短语充当主谓短语的谓语，也同样不需要结构助词。这充分表明了黎语是结构助词匮乏的语言。当然，在语言调查中，我们也发现个别名词性短语有结构助词（对应于汉语"的"）的用法［见例（76）］，其发音与海南闽语"的"的发音相近，可以肯定该词是海南闽语的借词，是语言接触产生的结果。

（76）Neix　man　lax　gais　gung.

　　　　这　　是　　吃　　的　　东西

　　　　"这是吃的东西。"

黎语由于没有结构助词，因此区分人称代词和领有代词依靠的是语境，如在下例中，Neix man dhes 发生的语境可能是某人指着自己的相片而说，在此语境中，dhes 显然是人称代词的用法，即照片中的人是"我"。

（77）Neix　man　dhes.

　　　　这　　是　　我

---

　　① 黎语 guux 既可以作为领有标记使用，也可以作为系词"是"使用，此处是作为系词的用法。

"这是我。"

第五节　黎语量+名短语

量+名短语指的是量词和名词合并成一个短语，在句子中常常作为宾语出现，语义上通常是无定的解读，学者们一般认为在这样的结构中，数词"一"被省略掉。但也有研究表明，在汉语一些南方方言如吴语、粤语中，量+名短语可以作为主语出现，且获得有定的语义解读（Cheng & Sybesma，1999；Sio，2006 等）。为了解释量+名的有定义，有学者提出 CL 向 D 的中心语移位假设（Simpson，2005；Li，2011），也有学者认为汉语 CL 在句法上等同于英语的限定词，具有[有定]的语义特征（Cheng & Sybesma，1999；Sio，2006）。

Cheng & Sybesma（1999）认为存在冠词/限定词的语言，其指涉功能由冠词/限定词承载，但是，对于没有冠词/限定词的语言（如汉语），其指涉功能由量词来承担。在他们看来，汉语有定量+名短语的量词和英语定冠词的功能是一样的。在广东话有定量+名短语中，量词投射成量词短语 CLP，不存在更高的功能投射，看以下两例：

（78）*Zek gau* gamjat dakbit tengwaa. （广州话）

　　　只　狗　今天　特别　听话

　　"这只狗今天特别听话。"

（Cheng & Sybesma，1999：511）

（79）

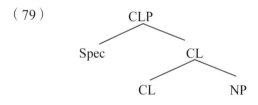

但是，量+名短语作为宾语更为常见，并且宾语位置的量+名是无定的。对此，Cheng & Sybesma（1999）提出，无定量+名短语实质上包含一个数词空语类，也就是说只要数词投射，并选择量词短语作为补语，该名词短语就是无定的。

Simpson（2005）对东南亚一些语言进行了翔实的观察，也关注到有定量+名短语是比较普遍的现象，如下例所示：

（80）*Nguoi chong*   rat   tot.   （越南语）

     CL   husband   very   good

     'The husband was very good.'

     "那个丈夫人很好。"

（81）*Tus tsov*   tshaib   tshaib   plab.   （赫蒙族）

     CL   tiger   hungry   hungry   stomach

     'The tiger was very hungry.'

     "那只老虎很饿。"

（Simpson，2005：823）

Simpson（2005）指出，尽管量+名短语是有定的，但是只要数词出现在量词的前面，整个短语就变成了无定的解读。假如量词和限定词 D 一样本来就承载有定的语义解读，就难以理解为何数词会改变量+名短语的语义。如果说数词对有定量词短语 CLP 进行量化，那么我们应该会得出一个分割语义解读[①]，即特定一些书中的"三本"，但是，这种解读我们是无法获得的［见例（82a）］。好的理论分析应该明晰地解释量词为何在某种情形下是有定的，而在其他的情形下又是无定的。数词的出现让量词短语从有定变为无定，然而指示代词一出现，整个短语毫无疑问又变成有定［例（82b）］，这是为何？Simpson（2005）接着说，这一事实表明，有定语义的句法节点的确应该位于数词短语以上限定词 D 的位置，要么是 D，要么是 D 的标示语上被某一个语素填充，从而使 DP 获得有定的语义解读。这种说法跟 PELI 允准条件的理念是一致的。鉴于以上的讨论，Simpson（2005）认为有定量+名短语是一种 CL 向 D 的中心语移位现象。数+量+名的默认语义是无定的，因为在该短语中，数词的出现导致量词CL无法向 D 移位，否则将违法中心语移位限制。也就是说，[*CL$_i$ Num t$_i$ NP]的序列是无法生成的，为了获得有定的语义解读，需要指示代词的插入。

（82）a. saam   bo   sue   （广州话）

     三   本   书

---

① 关于分割结构见本章第八节的讨论。

b. goh saam bo sue

那　　三　　本　　书

（Simpson，2005：824）

Simpson（2005）还发现，在越南语里，量+名短语前面还可能出现一个通用量词，整个短语作有定解。这种现象表明在量词之上的中心语位置还可以有另一个量词投射，因此有理由认为量词有时候可以出现在更高的句法位置，即 D 的位置。当这个通用量词不出现时，较低位置的量词 CL 往 D 位置移位完全是可能的。

（83）*cai con dao* [anh cho toi muon], no that sac.（越南语）

CL CL knife you give me borrow, it real sharp

'The knife you gave me is really sharp.'

"你给我的刀真的很锋利。"

（84）cai chiec ban nay （越南语）

CL CL table Dem

'this table'

"这张桌子"

（Simpson，2005：825）

Simpson（2005）认为，从历史语言学的角度来看，通用量词直接在 D 的位置插入可能会源于某种移位结构或者重新分析。CL 向 D 位置的频繁移位也会导致 CL 被重新分析为 D 成分，从而允许该通用量词直接插入在 D 位置，而 CL 位置被另外一个具体量词来填充。由此产生了以上量+量+名短语，需要注意的是，这种结构里面是两个不同的量词，这和量词重叠是完全不一样的。Simpson（2005）还认为这种重新分析也会演化为一种语法化现象，例如汉语通用量词"个"也可能演变为一种无定限定词的用法，如下例所示：

（85）喝个三瓶酒。

上例中"个"的用法显然不同于后面的量词"瓶"。究竟它是不是限定词的示例还存在争议。有学者认为，此结构中的"个"可能是一个动量词，这与本研究的论题相去甚远，就不做赘述。

有定量+名短语普遍存在于汉语一些南方方言中。李旭平（Li，2011）发现吴语的富阳话也不乏这样的结构。见下例：

（86）a. *tsəʔ* *giu* sɿ-ŋiɔ die.

　　　只　狗　死　句末词

　　　"这只狗死了。"

　　b. *tsəʔ* *giu* kuan mpo thaʔ tshan.

　　　只　狗　条　尾巴　太　长

　　　"这只狗的尾巴太长了。"

（Li，2011：209）

例（86）是吴语的例子，其中量+名短语作有定解读。李旭平（Li，2011）同意 Simpson（2005）的 N-D 移位说，认为 N 向 D 移位从而获得有定义，吴语富阳话能提供较好的例证，见下例：

（87）a. ɕiaouaŋ giɳtsɔ mi læ saŋban.

　　　小王　今天　不　来　工作

　　　"小王今天不来工作。"

　　b. gə ɕiaouaŋ giɳtsɔ mi læ saŋban.

　　　个　小王　今天　不　来　工作

　　　"小王今天不来工作。"

（Li，2011：226）

李旭平（Li，2011）认为，按照 Longobardi（1999）的设想，专有名词生成于 N 的位置，然后向 D 移位。当 D 有词汇填充时，专有名词留在 N 的位置。例（87b）中，量词位于专有名词的前面，说明专有名词留在 N 位置，而量词应该是占据了 D 的位置，否则专有名词没有理由不向 D 移位。我们认为 CL 向 D 移位满足 PELI 允准条件，是比较可行的主张。

无论 Cheng & Sybesma（1999）还是 Simpson（2005）都认为，只要数词出现在量词前面，整个短语就一定是无定的。但是，李旭平（Li，2011）指出吴语富阳话数+量+名短语也有作有定解的情况，见下例所示：

（88）*ŋian* *gə* *ŋin* tə ga-i？

　　　几　个　人　在哪里

　　　"那几个人在哪里？"

（Li，2011：225）

此外，我们也发现在黎语中，在特定语境下，数+量+名短语也可以作有定解（见第二节的讨论）。本研究认为 DP 并非有定义的句法投射，而是指称义的投射，有定义是 D 携带选择性特征[I.know]和[Y.know]所致。有定的数+量+名迫使我们认为该短语是一个 DP。鉴于 PELI 允准条件，D 和 D 的标示语不能同时为空，因此，我们设想在有定的数+量+名短语中，数词从 CL 的标示语位置向 D 的标示语移位，从而允准 D 的投射。

黎语有定量+名短语也是比较能产的，同时也存在类似于富阳话的量词+专有名词的名词性短语，如下例所示：

（89）a. *Lang   ba*   kueis   hlaux.

　　　只　　狗　　要　　死

　　　"这只狗要死了。"

　　b. *Lang   kai*   kueis   hlaux.

　　　只　　鸡　　要　　死

　　　"这只鸡要死了。"

　　c. *Lang   duis*   bheis   ghoux.

　　　头　　牛　　已经　　跑了

　　　"那头牛已经跑了。"

　　d. *Lang   au*   bheis   gax.

　　　个　　人　　已经　　累了

　　　"这个人已经累了。"

（90）*Lang   bais   neix*   bheis   gax.

　　　个　　小　　花　　已经　　累了

　　　"小花已经累了。"

据黎语发音人报告称，例（90）的语句通常在调侃的语境中才会出现。我们赞同李旭平（Li，2011）对富阳话的分析思路，在短语 lang bais neix 中，专有名词 bais neix 基础生成在名词 N 上，N 没有向 D 移位，因为 bais neix 前面是量词 lang，N 无法越过量词到达 D 的位置。因此，整个短语 lang bais neix 的有定义显然是由 D 赋予的。故此，设想 CL 向 D 移位从而允准 D 投射是比较合理的。

我们采用"CL 向 D"移位说来分析黎语的量+名短语。黎语的 DP 呈现出一个分裂结构，分别为 D_{Ref} 和 D_{Foc} 的结构。在第二节我们提出黎语的 D_{Foc} 是一种强化的焦点，D_{Ref} 是名词性短语指称的句法节点，平行于句子标句词 C。黎语的 D_{Foc} 并非总是投射，当其不投射时，D 没有分裂投射。在此情形下，有定义的两个特征[I.know]和[Y.know]由 D 承载。在有定量+名短语中，D 选择 CLP 做其补语，CL 向 D 移位获得有定的语义。如下图所示：

（91）

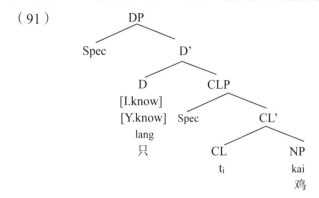

上图显示，CL lang 向 D 移位，D 是一个同时携带[I.know]和[Y.know]特征的功能中心语，因此获得有定的语义解读。lang 的移位满足了 PELI 允准条件，从而使 D 得到允准，整个名词性短语获有定义解读。

第六节　黎语光杆名词

光杆名词指的是只有名词投射的短语，即名词不带任何修饰成分或指称成分。光杆名词的语义较为多变，在不同的语境内，光杆名词分别有类指、有定、无定的不同语义解读。前人对光杆名词的讨论较为丰富，其中一个重要的论题是光杆名词的默认语义问题，主要有类指指谓和属性指谓两种观点（Carlson，1977a，1977b；Krifka，1995；Li，2011 等）。关于两种观点的争论，可参看第二章的讨论。本研究采纳属性指谓的观点，认为光杆名词的默认指谓是属性，类指、有定以及无定的语义解读皆是句法操作使然。

光杆名词的语义问题和名词可数性有紧密联系。我们设想词库中的名词是一种根名词，这种根名词默认指谓属性，还未标明可数还是不可数，可数性是句法投射所致。对于根名词的语义构成，在 Link（1983）和 Bale & Barner（2009）的基础上，我们区分两种合并半网格，一种是含有最小单个原子个体的合并半网格，一种是没有最小单个原子个体的连续性合并半网格。就英语来讲，第一种合并半网格涵盖传统意义上的可数名词（rock）和一部分不可数名词（如 furniture），第二种合并半网格涵盖典型的物质名词

（如 water）。含有最小单个原子个体的合并半网格（第一种）如下所示：

（92） a.   {a, b, c}   ……

        {a, b}   {a, c}   {a, b}   ……

          a   b   c   ……

b. i $\{a, b\} \leq \{a, b, c\}$

    ii $a \leq \{a, b\}$

根名词的这两种合并半网格并非名词可数性的条件，名词可数性是句法操作所致，这种句法操作满足了一种计数条件，也就实现了名词的可数性。简单地说来，要实现计数，计数的单位必须是单质的。量词的句法投射可以产生计数单位。如下图所示，量词语类 CL 选择一个根名词短语 NP，投射为量词短语 CLP。

（93）

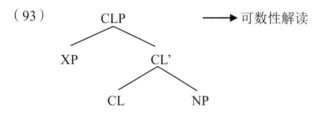

根名词指谓属性，但不携带可数性特征，量词的操作产生可计数单位，满足计数条件，因此实现名词的计数，即表现为传统意义上可数名词。量词语类 CL 在汉语中表现为独立的词素（如"个"），英语中，黏附语素，如复数标记，在语音拼读时往下附着在名词上面。按照这样的分析，英语的可数名词复数标记和汉语的量词就得到统一的解释，量词语类 CL 是一种具有语言普遍性的功能语类，它的语义功能是对根名词进行语义切分。光杆名词可以表示类指义，这种结构普遍存在于英语、汉语等语言中，黎语也不例外，如下例所示：

（94）*牛*是勤劳的动物。

（95）*Dogs* are good friends of human beings.

"狗是人类的好朋友。"

（96）*Dius* gieu kaux.

牛   厉害   力气

"牛有力气。"

主张光杆名词默认指谓类指的学者主要从光杆名词的语义辖域角度来考察（Carlson，1977b；Li，2011），有一定的洞见。但是，从类指光杆名词无法推出类指义是光杆名词的固有语义，因为从句法上来看，光杆名词可能是复杂短语的一种表层结构，除非我们否认空语类的存在。从跨语言来看，我们无法把类指归为某一固定的结构，因为多种名词性短语皆可表类指（参阅第二章的讨论）。一个具有指称的名词性短语应该是一个 DP，而类指也是一种指称，因此类指短语是一个限定词短语 DP。换言之，DP 不是有定义的句法投射，而是指称义的句法投射。有定和无定的解读是由 D 携带的选择性特征[I.know]和[Y.know]所决定。类指的解读和[I.know]、[Y.know]特征没有关系，而是 G-算子在 TP 域内约束 DP 所致。按照这一思路，类指光杆名词也是投射成 DP，DP 移位到 TP 域受到 Gen 算子的约束，从而实现类指义的解读。在第五节，我们用中心语移位的句法操作来解释黎语有定量+名短语，即量词 CL 向限定词 D 位置移位，以此实现 D 的允准，整个短语获得有定语义解读。中心语移位的分析同样适用于类指光杆名词的句法分析，即中心名词 N 向限定词 D 移位，如下图所示：

（97）

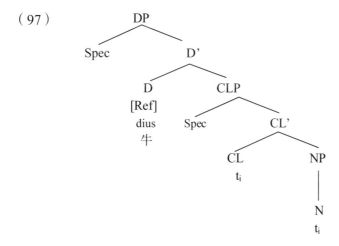

在上面的图示中，名词中心语 dius 先是移至 CL 的位置，接着移向 D 的位置，最终允准了 D 的投射，实现指称义的解读。紧接着 DP duis 在逻辑式层面从 vP 的标示语移向 TP 的标示语位置，该区域的 Gen-算子约束主语 duis，从而赋予类指义，如下图所示：

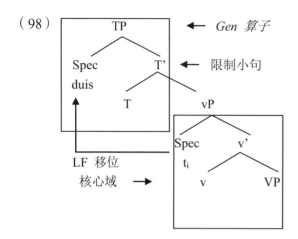

（98）

光杆名词不光具有类指义，还可以作有定解，这在很多语言中都能见到，例如，在汉语普通话以及许多汉语方言中，主语位置上的光杆名词皆能作有定解，如下例所示：

（99）a. *学生来了。*

　　　b. *狗受伤了。*

黎语中光杆名词作有定解也比较常见，如下例所示：

（100）a. *Duis　lax　gats.*

　　　　牛　吃　草

　　　　"那头牛在吃草。"

　　　b. *Duis　okk　noms.*

　　　　牛　喝　水

　　　　"那头牛在喝水。"

上例中光杆名词位于主语的位置，无论说话人还是听话者都能辨别是哪一头牛在吃草/喝水，因此该名词性短语作有定的解读。有定光杆名词还可以出现在话题的位置上，如下例所示：

（101）*Duis,　dhes　bhais　dzuengs　eix.*

　　　　牛，　我　已经　卖　了

　　　　"牛，我已经卖了。"

上例中 dhes 占据了主语的位置，主语之前的 duis 是话题。话题是旧信息，是说话者和听话者都能辨别的对象，因此必须是有定的。有定光杆名词的生成同样是中心名词 N 向 D 移位所得。N 首先移至 CL，最终移向 D 的位置，见下图：

（102）

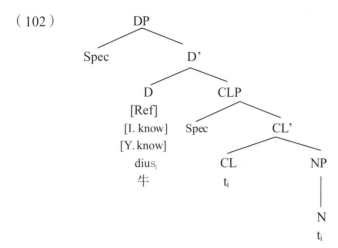

　　有定光杆名词短语 DP 在逻辑式层面不向 TP 域内移位，并不受 Gen 算子的约束，因此不产生类指义，而是有定义。

　　光杆名词做宾语通常作无定的解读，这无论是在汉语和黎语中都有表现。我们在第二章谈到有关限定词短语 DP 三组对立的概念，分别是指称/非指称，有定/无定，有指/无指。这几组概念之间存在一种蕴含关系，可以表示如下：

（103）有定 ⟶ 有指 ⟶ 指称

上面蕴涵式表明，凡是有定短语一定是有指的，凡是有指短语一定具有指称，但反过来说就不成立。需要对此做更进一步的说明，无定短语是相对于有定而说的，无定短语可能是有指也可能是无指的，而无指短语可能是指称短语也可能是非指称短语。厘清了以上几组概念有助于我们接下来的讨论，本小节讨论的无定光杆名词包括三类，第一类是有指光杆名词，第二类是无指光杆名词，还有一类是非指称光杆名词。

（104）a. Dhes　dzuengs　*duis*　eix.　（有指）

　　　　我　　卖　　牛　　了

　　　　"我卖牛了。"

　　　b. ba　dhes　kueis　cat　*duis*.　（无指）

　　　　爸爸　我　想　买　牛

　　　　"我爸爸想买牛。"

    c. ghueng   dhes   kueis   cat   *duis.*   （无指）

    弟弟   我   想   买   牛

    "我弟弟想买牛。"

例（104a）中光杆名词 duis 指说话者知道的某一头牛（或几头），只是对于听话者而言，还是新的信息，无法辨认所卖的牛是哪一头或哪几头。因此，光杆名词 duis 在此语境中是有指的。当然，在特定的语境中，该例中的光杆名词 duis 还可以获得有定解。例如，通常在农村家家户户都养一头牛，专门做犁田之用，当一个村民对另一个村民说"我卖牛了"，对话双方都知道"牛"的所指了，因此在这个情形中，光杆名词 duis 是有定的。但是，一般而言，宾语位置的光杆名词是作无定解的。例（104b,c）中的 duis 不指涉特定的某一头牛，说话人心中对此并没有明确的指向，因此是无指的。但是，在这种语境中，duis 当然是有指称的，它指向现实中某一个个体，只是对于对话双方来讲，并不明确具体哪一头。非指称短语则不同，它不在话语域中指涉任何对象。无定光杆名词同样是 D 的投射，为了实现 D 的允准，中心名词 N 向 D 移位。不同语义解读取决于 D 所携带的选择性特征的差异。

这种分析颠覆了以往的 DP 分析框架，有些学者认为 D 是有定/无定的句法节点。对于有指的解读，有些学者设置了专门的句法节点来给予解释（Sio，2006），这种分析显得不那么经济。指称涉及语词与世界之间的关系，是语言哲学上的一个重要论题，也是语言分析的一个重要概念。凡是在现实中或话语域内指涉某一对象的名词性短语，不管说话人和听话者能不能辨认所涉及的对象，该名词性短语都具有指称性，理应是 D 的句法投射。这种分析更加符合句法的简约性。

非指称的光杆名词本质上是指谓属性的根名词，不在现实中指涉任何对象。也就是说，根名词只提供概念，不在话语域中预设任何指称对象。如下例所示：

（105）a. dzuuenm *kai*

     蛋   鸡

    b. hais   *duis*

      屎   牛

上例中，kai 和 duis 并不指涉现实中某一对象，只是对 dzuuenm 和 hais 描述，指谓一种属性。这样的光杆名词既不受到量词 CL 的语义分割，也不进一步被 D 选择。

第七节 黎语名词复数标记 kun

黎语名词复数标记由专门词素 kun 来表示，类似汉语的"们"，kun 单独无法成词，必须和名词连用。与汉语"们"不同，kun 出现在名词的前面，见下例：

（106）a. Zaux *fuety lang* kun <u>*as dza*</u> zungs dhuu fau cai.
　　　　 有　十　个　们　老人　坐　在　下　树
　　　　 "有十个老人坐在树下。"

　　　 b. Zaux *zuu tom* kun <u>*hluuk lauux*</u> dungs dhuu deuu gats.
　　　　 有　一　些　们　小孩　玩　在　上　草
　　　　 "有一些孩子们在草地上玩。"

黎语的 kun 表现出和汉语"们"不一样的句法属性。一般而言，汉语的"们"无法和数、量词一起出现［例（107）］。

（107）a. *十个老人们

　　　 b. *一百个学生们

当然，汉语的模糊量词"些"可以和"们"同现，我们可以说"一些孩子们"，但这种结构并不能产。当然，"些"是否是量词还不太确定，因为"些"对数词有限制，我们只能说"一些"，不能说"两些""三些"。黎语的 kun 当然也能出现在含有模糊量词的名词性短语中，如例（106b）中的 zuu tom kun hluuk（一些孩子们）。与汉语不同，黎语 kun 可以和个体量词短语搭配，如例（106a）所示。

从语言类型学上看，量词和复数标记在语言中呈互补分布的状态，即具有量词一类的语言（如汉语）缺乏真正的复数标记，而具有复数标记的语言（如英语）缺乏量词语类（Borer，2005）。在第二章里我们论述了汉语"们"及其他语言的复数标记在语义和句法上的一些特殊属性。鉴于"们"的特殊属性，有学者认为"们"不是真正的复数标记（Cheng & Sybesma，1999；Tang，2005）。首先，"们"只能和表人的名词组合［例（108）］，不能和表动物或其他事物的名词组合，当然儿童寓言故事拟人化用法除外。

（108）孩子们/*狮子们/*苹果们

其次，"们"不能和数量词一并出现，见下例：

（109）a. 孩子们

b. 一百个孩子

c. *一百个孩子们

此外，带"们"的短语总是作有定解，这点可以通过句法测试来验证，见下例所示：

（110）a. 教室里有*学生*在学习。

b.*教室里有*学生们*在学习。

例（110b）显示，"学生们"不能出现在存现句中。存现句表达新信息，因此排斥有定短语，就此我们可以判断"学生们"作有定的解读。李艳惠（Li，1999）基于"们"的有定解读，认为"们"可以附着于 D 的位置。按照她的分析，有些 N+们的结构涉及名词中心语向 D 的移位。如下例所示：

（111）我对小强们三个人特别好。

（Li，1999：83）

但是，不难发现，"们"可以出现在比较低的句法位置上，尽管在普通话中不很常见。汉语"N+们"尽管不能与个体量词合并，但可与模糊量词"些"合并。

（112）（有）*一些孩子们*在草地上玩耍。

在上面的例子中，名词性短语"一些孩子们"作无定解读。一般认为，D 是居于整个名词性短语的最外围的功能中心语，上例中"N+们"如何又被量词短语选择？这给"们"附着于 D 的设想造成一定的困难。与汉语的"们"不同，黎语的 kun 不光可以和模糊量词合并，也能与个体量词合并［见例（106a）］。此外，N-kun 也可以出现在存现句中，说明在该名词性短语中 kun 不带有定义。这么看来，kun 似乎和英语复数标记-s 没什么区别。在第二章，我们明确提出"们"不是典型的复数标记，而是一个准复数标记。此外，我们同样认为自然语言中量词语类和名词复数呈互补分布，存在量词的语言没有名词复数，有名词复数的语言缺乏量词语类。黎语的名词复数词素 kun 的句法表现似乎给这种说法带来挑战，因为黎语是典型的量词类型语言，它不该具有典型的复数标记。

实际上，个体量词和名词复数标记同现的现象并非黎语独有，日本语、波斯语也存在这样的结构。如下例所示：

（113）a. car　　ta　　deræxt　　（波斯语）

four　　CL　　tree

'four trees'

"四棵树"

b. car　　ta　　deræxt-ha

four　　CL　　tree-PL

'the four trees'

"那四棵树"

（Gebhardt，2009：232）

（114）200-nin-izyoo-no　　　gakusei-tati　　（日本语）

200-CL-or more-Gen　　student-TATI

'200 or more students.'

"200 多个学生"

（Nakanishi & Tomioka，2004：120）

仔细考察，我们发现波斯语的复数标记和汉语的"们"一样，也是有定的。如例（113）两个表达式对比所示，复数标记-ha 使整个数量词短语获得有定的解读。实质上这个复数标记并不强化复数的概念，不带复数标记的光杆名词同样可以表达复数的概念［例（113a）］。当一个无定附着式中心语［例（115a）中的-i］出现时，波斯语 N-PL 的有定解读就会得到消解，如下例所示：

（115）a. ketab-ha-ye　　ĵaleb-i　　　　xund-æm.

book-PL-EZ　　interesting-IND　　read.PAST-1SG

'I read (some) interesting books'

"我读了一些有趣的书。"

b. ketab-ha-ye　　ĵaleb-o　　　　xund-æm.

book-PL-EZ　　interesting-OM　　read.PAST-1SG

'I read the interesting books'

"我读了那些有趣的书。"

（Ghomeshi，2003：60）

Ghomeshi（2003）对波斯语的这种现象评论如下：

> Plural marking is not possible on bare nouns or on nouns appearing with numerals unless in both cases, the resulted noun phrase is definite.（除非该短语是有定的，否则复数标记不可能出现在光杆名词或者带数词的名词上面。）

（Ghomeshi，2003：66）

由此看来，波斯语的复数标记本质上是有定标记，带有[有定]的语义特征。复数标记的句法地位比较低，表面上看来并不生成于 D 的位置。汤志真（Tang，2005）认为有定的复数标记是在词汇句法（L-syntax）上生成。换言之，根名词在词汇句法层面上和有定复数标记合并。但是，根名词未受到量词语义分割，也还没被负责指称的 D 选择，如何具备有定指称？我们认为，这样的分析还值得商榷。

接下来，让我们进一步审视黎语 kun 在其他语境的表现。不难发现，在黎语量词短语中，kun 并非强制出现，如下例所示：

（116）a. Zaux *fuety* *lang* *kun* <u>*as dza*</u> zungs dhuu fau cai.

　　　　有　　十　　个　　们　　老人　　坐　　在　　下　　树

　　　　"有十个老人坐在树下。"

　　b. Zaux <u>fuety</u> *lang* <u>*as dza*</u> *zungs* dhuu fau cai.

　　　　有　　十　　个　　　老人　　坐　　在　　下　　树

　　　　"有十个老人坐在树下。"

上例的对照表明，kun 似乎是冗余的，因为在同样的结构中它显得可有可无。英语复数标记则不同，在复数的可数名词短语中，复数标记是强制出现的。我们认为，句法结构中任何一个成分都不应该是冗余的，一定有它存在的理由。此外，句法分析告诉我们，有些表层结构类似的句法结构可能具有不同的底层结构。按照这样的认识，我们认为例（116）中两个名词性短语不只是 kun 有无的区别，而是截然不同的两个句法结构。在讨论这两个不同结构之前，我们先讨论 kun 不能省略的情况。在下面的语境中，kun 是不能省略的，且说话人 B 的语气显得有些不耐烦。

（117）A: <u>As ras</u> dhuu hauux?

　　　　谁　　在　　那儿

B: Kun　as dza.

们　　老人

"老人们"

例（117）显示，kun 本质上是有定的，且表达一种强调的语气。因此，我们认为说话人 B 的答语 kun as dza（老人们）是一个有定的 DP 短语。在本章第二节的讨论中，我们提出黎语双层 DP 投射，其中 D_{Foc} 表达一种强调和确认。但是，两层 DP 并非总是同时投射，也存在 D_{Ref} 或 D_{Foc} 单独投射的情况。按照这一分析思路，我们认为 kun as dza 是 D_{Foc} 的投射，如下图所示：

（118）

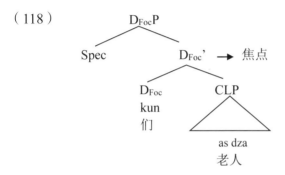

上图中，名词复数词素 kun 生成于中心语 D_{Foc} 的位置，as dza 是一个 CLP（省去其内部结构的分析），充当 D_{Foc} 的补语。在此情形中，D_{Foc} 同时携带 D 的固有特征[Ref]以及两个选择性特征[I.know]和[Y.know]。接下来我们回到例（116）的分析。例（106b）中无定名词性短语 fuety lang as dza（十个老人）基础生成于一个 CLP 短语，即量词 CL 选择 NP as dza 做其补语，数词 fuety 位于 CL 的标示语位置。CLP 被空语类 D 选择，D 携带固有特征[Ref]，此外，还携带选择性特征[I.know]，因此 DP 获得有指的解读。为了实现空语类 D 的允准，数词 fuety 从 CL 的标示语位置移至 D 的标示语位置。整个结构如下图所示：

（119）

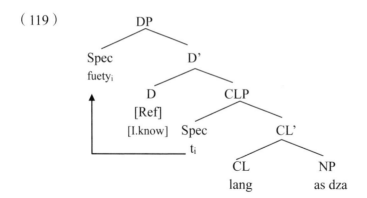

例（116a）的结构相比（116b）要复杂得多。我们认为该结构涉及两个 DP 短语[①]的叠加，即一个 DP 被分割结构（Partitive Construction）中心语 Part 选择，从而变为模糊子集，CL 再次对分割结构 PartP 进行语义切分，先是投射成一个 CLP，接着这个 CLP 再次被另一个 D 选择，投射成另一个 DP。整个生成过程如下图所示：

（120）

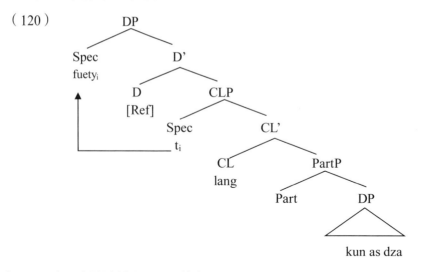

作为 Part 中心语的补语 DP，其中心语是 kun，带有强化和确认的语义解读。CL 对 PartP 再次进行语义分割，实现新的计数。整个表达式之所以作无定解读，这是因为选择 CLP 做补语的另一个 D 不同时携带[I.know]和[Y.know]两个特征，因此只作无定解读。这种结构类似于英汉语言的分割结构，如下例所示：

———————————

① 不同于 DP 分裂，DP 分裂是 D 直接选择 $D_{Foc}P$。

（121）a. three baskets of those apples

　　　　b. three cups of the water

（122）三只这一种狗。

英汉分割结构实质上包含了两层量词的投射，我们将在下一节讨论双重量词结构。至此，我们解决了黎语带有定名词复数标记 kun 的短语为何最后作无定解的问题［例（106a）］。若我们回过头来再次审视波斯语复数标记的例子，我们会发现波斯语与黎语有不同之处，见例（113），重新列举如下：

（123）a. car　　ta　　deræxt　　（波斯语）

　　　　four　　CL　　tree

　　　　'four trees'

　　　　"四棵树"

　　　b. car　　ta　　deræxt-ha

　　　　four　　CL　　tree-PL

　　　　'the four trees'

　　　　"那四棵树"

上例显示，数量词短语选择了带复数标记-ha 的名词短语，整个表达式是有定的。此外，-ha 位于名词的右侧，和黎语的语序略有不同。我们认为黎语分析的 DP 分裂说也能解释波斯语的这一结构生成。具体地讲，名词复数标记-ha 基础生成于 D_{Foc} 的位置，数+量+名短语生成位于 D_{Foc} 的补语位置，然后移至 D_{Ref} 的标示语位置，见下图：

（124）

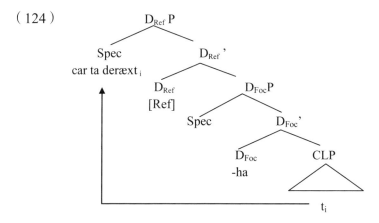

至此，有一个问题需要考虑，波斯语名词复数标记-ha 是一个黏附语素，它

需要附着在名词之上，名词 deræxt 和量词短语一并移位到 D_{Ref} P 的标示语位置上，-ha 如何附着在它之上。这或许是 PF 层面的一种语音操作，我们对此暂不做进一步的讨论。

前述中，我们提到汉语"N+们"尽管不能与个体量词合并，但可以和模糊量词"些"合并，产生以下结构：

（125）（有）*一些孩子们*在草地上玩耍。

在上面例子中，名词性短语"一些孩子们"作无定解。我们知道，汉语光杆名词+们获得有定解读，如下例所示，"N+们"不能出现在存现句中。

（126）a. 教室里有*学生*在学习。

　　　　b.*教室里有*学生们*在学习。

如果承认了"N+们"是有定的 DP，D 理应是居于整个名词性短语的最外围的功能中心语，"N+们"如何又被量词短语选择？我们认为，前述对黎语 kun 的分析同样适用于汉语的"N+们"。具体说来，在短语"一些孩子们"中，同样存在两个 DP 短语的叠加，即 DP 被分割结构中心语 Part 选择之后，接着整个 PartP 被 CL 语义切分，投射成一个 CLP。随后这个 CLP 再次被另一个 D 选择，投射成另一个 DP。整个生成过程如下图所示：

（127）

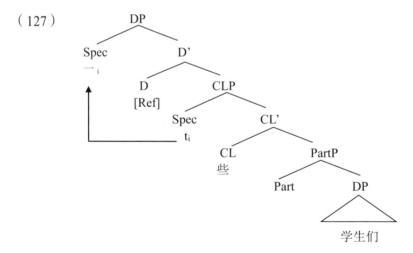

按照这样的分析，N+们就不存在李艳惠（Li，1999）所言的 N 向上附着在 Num 上的操作，只存在 N 向 D 移位实现"们"的附着。模糊量词短语"一些"并不能阻碍"N 向 D"移位，因为该移位发生在 DP"N+们"之内。

第八节　黎语双重量词投射

在上一节中，我们提到英汉分割结构，实质上分割结构包含了两层量词的投射，即两个量词短语堆叠在同一个名词性短语里面，其中一个量词发生在一个 DP 的内部，另外一个量词出现在这个 DP 的外部。Liao & Wang（2011）率先讨论了汉语双重量词结构，如下例所示：

（128）a. 张三有*三只这一种狗*。

　　　　b. 李四共喝了*三碗那两种汤*。

Liao & Wang（2011）总结出这种结构几个鲜明的句法特点：堆叠的两个量词短语，一个是个体量词或度量量词（measure classifier），另一个是种类量词（kind classifier），前者总比后者处在更高的句法位置。含有种类量词的 DP 必须是有定的。双重量词结构必须是集体义解读，不能是分配义解读，如在例（128b）句中，李四喝的汤总共只有三碗，而不是每一种汤喝三碗。双重量词结构如下图所示：

（129）

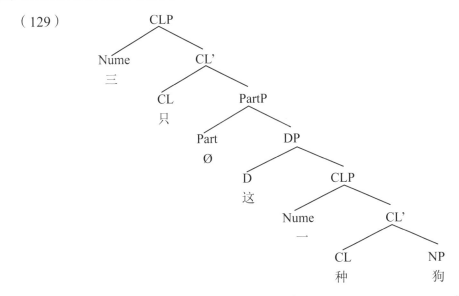

（Liao & Wang，2011：148）

如上图所示，在个体量词和 DP 之间有一个功能空语类 Part，空语类 Part 对 DP 操作获得一个模糊子集。种类量词直接从名词短语 NP 那里获得模糊语义输入，个体量词从 PartP 获得模糊语义输入。量词对模糊语义输入进行语义分割操作，从而实现计数。位置高的量词是个体量词，位置低的是种类量词。按照 Liao & Wang（2011）的说法，两类量词遵守严格的顺序，否则会导致表达式不合法。

（130）a. *三种这只狗。   [KCL Part. ICL]

      b. *三种这五只狗。   [KCL Part. ICL]

      c. *三种这瓶酒。   [KCL Part. MCL]

      d. *十磅这个学生。   [MCL Part. ICL]

例（130）（Liao & Wang，2011：160）中不合法的表达式皆是因为种类量词出现在个体量词（或容器量词）前面所致[①]。种类量词计数单位比个体量词大，按照 Liao & Wang（2011）的说法，计数单位大的量词处在较高的计数层级（counting hierarchy），计数单位小的量词处在较低的计数层级，例如例（128）中"只"和"碗"分别是个体量词和容器量词，其计数层级皆比种类量词低。根据以上的观察，在双重量词短语中，低计数层级的量词处在较高的句法位置；高计数层级的量词处在较低的句法位置。

我们把 Liao & Wang（2011）的讨论再往前推进一步，首先我们认为英语的分割结构 PartP 同样也是双重量词结构，所不同的是，英语的分割结构中心语不是空语类，而是由 of 填充，见下例：

（131）

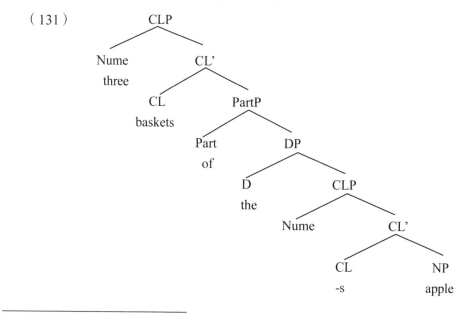

---

① 该例中 KCL 指种类量词，ICL 指个体量词，MCL 指容器量词。

在上图中，DP 内部的量词是个体量词，由复数标记 -s 占据，DP 之外是一个容器量词 baskets。在我们的分析框架里，CL 是一个具有语言普遍性的功能语类，在不同语言中有不同的形态。在汉语中 CL 表现为自由语素，如"个""只"；在英语中可以是复数标记的形式，也可以是自由语素，如 -s, basket。从这个框架来看，显然上例的结构是一个双重量词结构。此外，两个量词并不遵守 Liao & Wang（2011）总结的双重量词序列规则：高计数层级的量词处在低的句法位置。因为例（131）中 basket 的计数层级比个体量词 -s 更高，但出现在较高的句法位置。我们同时还发现在汉语双重量词结构中，较低句法位置的量词也未必是种类量词，如下例所示：

（132）三颗这桶糖果。

（133）他拿走了三本我昨天才买的那些书。

在上面两例中，"桶"和"些"都不是种类量词，却出现在双重量词结构较低句法位置上。

黎语中也存在大量的双重量词结构，在句法上表现出和汉语同样的句法属性，如下例所示：

（134）a. fus　kuengs　zuu　maux　man　neix
　　　　　三　　筐　　　一　　种　　地瓜　这
　　　　"三筐这种地瓜"

　　　b. Na　as pans　dzuengs　fus　kuengs　zuu　maux　zuu loks　max.
　　　　他　昨天　　卖　　　三　　筐　　　一　　种　　槟榔　　那
　　　　"他昨天卖了三筐那种槟榔。"

上例显示，种类量词出现在 DP 内部，个体量词位于 DP 的外部。DP 是有定短语，做分割结构中心语 Part 的补语。实质上，这种双重量词短语同时也是双重 DP 短语，具体说来，DP 外部的量词短语之上同样存在一个无定 D 的投射，量词标示语位置的数词移位至 D 的标示语位置实现无定 D 的允准。整个结构的生成刻画如下：

（135）

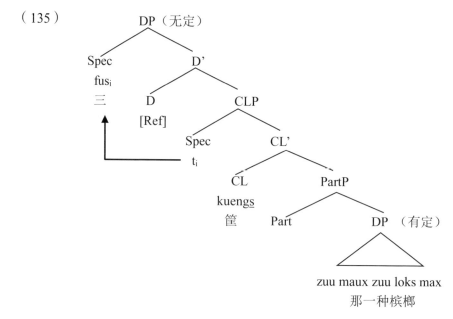

上图的分割结构中心语 Part 是一个空语类，PartP 作为补语被量词 kuengs 选择，生成量词短语 CLP。CLP 被另一个空语类 D 选择，位于量词标示语位置的数词 fus 移位至 D 的标语位置，实现 D 的允准。因为最高位置的 D 是一个无定中心语，因此整个表达式作无定解读。在 Liao & Wang（2011）的讨论中，汉语分割结构中心语 Part 似乎总是空语类。但我们发现黎语 Part 也有词汇填充的情况，如下例所示：

（136）A: Na <u>as pans</u> cat fus ruek katt.

　　　　他　昨天　　买　三　笼　　鸡

　　　　"他昨天买了三笼鸡。"

　　　B: ?Tom, na <u>wan neix</u> dzuengs fuety lang **dhuu** fus ruek katt max.

　　　　但是，他　今天　　卖　　十　只　在　三　笼　鸡　那

　　　　"可是，他今天卖那三笼鸡中的 10 只。"

（137）Na <u>wan neix</u> dzuengs *ba* *bhaux* **dhuu** *zuu* *cia* *ghei*

　　　他　　今天　　卖　　五　包　　在　一　车　米

　　　na <u>*as pans*</u> *cat* *hauux.*

　　　他　昨天　买　那

　　　"他今天卖了他昨天买的那一车米的五包。"

在上面两例中，dhuu（在）在句法上占据了中心语 Part 的位置，类似于英

语分割结构 Part 中心语 of。该结构用树形图表示如下：

（138）

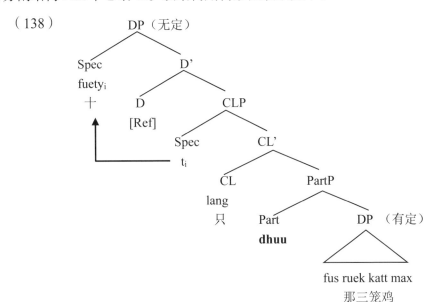

例（136）、（137）显示，种类量词不是构成黎语双重量词短语的首要条件，其他容器量词也可以和个体量词一起构成双重量词短语。例（137）中量词 bhaux（包）和 cia（车）也谈不上究竟是谁的计数层级更高，从这点而论，Liao & Wang（2011）所言的双重量词组合序列规则并不严格。

第九节　本章小节

本章在 DP 分析框架下对黎语外延式名词性短语进行较为全面的讨论。我们首先提出限定词 D 并非有定义的句法节点，而是指称义的句法节点。指称涉及语词与世界之间的关系，是语言哲学上的一个重要论题，也是语言分析的一个重要概念。我们认为，凡是在现实中或在话语域内指涉某一对象的名词性短语，无论说话人和听话者能否辨认所涉及的对象，该名词性短语都具有指称性，理应是 D 的句法投射。名词性短语的指称涉及多个语义概念，如有定、无定、有指、无指以及类指。我们把这些语义解读归结为 D 的特征组合，具体地讲，有定义是 D 同时携带[I.know]和[Y.know]所致，只要不同时满足这两个特征，D 就获得无定解读。无定短语可能是有指的，也可能是无指的。我们认为类指也是一种指称，因此类指短语也是 DP，但是此时 DP 必须在 LF 层面移位至 TP 域内，得到 G-算子的约束，最终实现类指义的解读。

厘清了有关指称的概念，本章分析了黎语指示代词短语、数量名短语、领有短语、量名短语、光杆名词短语等句法结构，我们还讨论了黎语名词复数标记 kun 以及双重量词短语。为了解释黎语数+量+名+指的语序，我们提出 DP 分裂说，即 D 分裂为 D_{Ref} 和 D_{Foc}，D_{Ref} 仍然是指称的节点，D_{Foc} 的语义功能是强调和确认，是一种焦点结构。当 D_{Ref} 和 D_{Foc} 分裂投射时，[I.know]和[Y.know]都在 D_{Foc} 上实现，D_{Ref} 只携带[Ref]的特征。位于 D_{Foc} 补语位置的数+量+名短语移位至 D_{Ref} 的标示语位置，使 D_{Ref} 的投射可见，从而生成数+量+名+指短语。黎语数+量+名短语的语义比较丰富，除了无定解读，还有类指和数量义的解读。关于数量义解读，我们认为这是 M-算子对数+量+名短语的语义操作所致。

黎语是一种结构助词缺乏的语言，因此黎语领有短语表现出和汉语不同的句法属性。黎语无论量+名短语还是光杆名词短语都存在有定解的用法，这种句法特点和汉语，特别是汉语南方方言如吴语、粤语比较类似。我们采纳中心语移位说来解释有定量+名短语和有定光杆名词短语。在有定量名短语中，量词 CL 向限定词 D 位置移位；对于有定光杆名词短语，我们认为中心名词 N 首先移至 CL，接着继续向 D 移位。对黎语名词复数标记 kun 的分析发现，kun 并不是真正意义上的复数标记，它的主要功能是标示有定性，起到强调和确认的语义功能。黎语双重量词短语本质上是一种分割结构 PartP，即中心语 Part 选择一个 DP（CLP 是其补语）生成 PartP，量词选择 PartP 再次进行语义分割，形成另一个 CLP，随后 CLP 被另外的 D 选择，从而形成上一层 DP。双重量词短语很好地展示了句法规则的递归性。在下一章，我们将考察黎语内涵式名词性短语。

第四章　黎语内涵式名词性短语句法分析

内涵定语指名词性短语中心名词的修饰成分，包括形容词、关系从句等成分。本章主要讨论黎语形容词短语和关系短语，重点关注形容词和名词的句法关系，关系从句和名物化问题。此外，我们还考察名+名短语，名+动短语，以及形容词重叠式。

第一节　形容词和关系短语

形容词短语和关系短语是名词性短语中两个核心内涵定语。前者是语言中一个很重要的语类范畴，后者是名词性短语复杂性的主要语法手段。在本节，我们简要介绍句法学对形容词短语和关系短语的一些研究和观点，以此展开黎语形容词短语和关系短语的讨论。

一、形容词短语

形容词是名词性短语中一个重要的组成部分，相比名词性短语其他成分，生成语法对于形容词的研究，显得相对薄弱一些。在讨论黎语形容词句法结构之前，我们需要梳理一下学界有关形容词句法研究的一般观点和主张。

在早期的生成语法研究中，学者们把形容词分析为名词短语 NP 的嫁接语（adjunct），因此形容词是选择性的，可有可无。按照生成语法 X 标杆规则图示，形容词嫁接到名词性短语的中间投射 N'之上，表现出一种递归性。如下所示：

（1）a. NP → Det AP N'

   b. N' → AP N'

规则（1b）表示形容词短语作为嫁接语的递归性，这一规则的反复应用，产生形容词的叠加。如果把形容词短语视为嫁接语，那么显然它的使用次数是没有限制的，它的叠加自然也没有顺序要求。但是，情况并非如此，形容词叠加在层次和语序上皆有限制，如下例所示：

（2）a. the big blue ball

  b. *the blue big ball

（3）a. 那个大蓝球

  b. *那个蓝大球

  对形容词叠加显示出来的语序限制，有学者试图从语义的角度提出解释。具体的做法是把形容词按照意义分为不同种类，从而归纳出叠加结构中不同意义形容词的先后位置。如从上例中可以得出，表示形状、尺寸大小的形容词居于表示颜色的形容词之前。Kingsbury 和 Wellman 对名词短语前置成分序列做如下刻画（参阅 Scott，2002）：

（4）DETERMINER > SUBJECTIVE COMMENT > SIZE > AGE >

  COLOR > NATIOALITY/ ORIGN> MTERIAL > COMPOUND

  ELEMENT > NOUN

从上可以看出，就形容词的序列来讲，表示主观判断的形容词离中心名词最远，表示材料的形容词离中心名词最近。但是，这种从形容词意义分类角度做的归纳解释力并不强，也无助于句法上的解释。

  由于叠加形容词修饰语的相互位置是有序的，所以，形容词嫁接语的分析不太理想。有些生成语法学家们倾向于将形容词分析为介于 NP 和 DP 之间的某些功能投射 FP 的标示语（Cinque，1995，1999；Giusti，1997）。Cinque（1995，1999）对形容词句法的研究起了很好的推动作用，提出许多富有洞见的理论设想。他通过考察日耳曼和罗曼语族语言，把形容词分为两种来源，一种是直接修饰，另一种是间接修饰（也叫缩略的关系从句）。间接修饰的形容词在句法位置上高于直接修饰的形容词，但是两类形容词都位于名词短语 NP 和数量词短语 NumP[①]之间的功能中心语的标示语位置。结构如下图所示：

---

  ① 在我们的分析框架中，这实质上是量词短语 CLP。

（5）
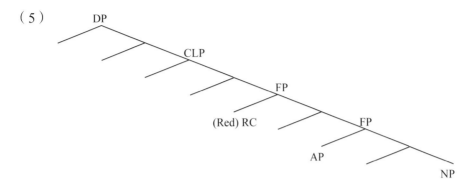

按照 Cinque（2010）的分析，所有前置于 CL 的形容词（缩略的关系从句）基础生成于 CLP 内部，通过移位出现在表层结构的位置上。

　　形容词充当修饰语与它所修饰的名词中心语之间的语序在不同语言中有差异。在英语等日耳曼语中，形容词修饰语一般位于名词中心词之前；在法语等罗曼语中形容词修饰语则主要居于名词中心语之后。Cinque（1995）认为，尽管在表层结构中不同语言的形容词修饰名词在语序方面存在区别，但其基础位置应该是相同的。法语等罗曼语表面上的形容词居后现象是名词中心语 N 提升移位的结果。如下例所示（Cinque，1995：287）：

　　（6）a. [D…[AP Y [AP N]]]　（罗曼语）

　　　　b. [D…[AP Y [AP N]]]　（日耳曼语）

例（6a）表示，名词中心语 N 从原先的位置，移至 Y 的位置。这一居于 N 与 D 之间的 Y，是一个功能中心语。Cinque（1995）观察罗曼语言的表现，对 N 左向移位进行了论证。例如，在下面意大利语的例子中，只有（7b）才是符合语法的。

　　（7）a. *l' italiana invasine dell' Albania

　　　　b. l'　invasine　italiana　dell'　Albania
　　　　　the invasion　Italian　　of　　Albania
　　　　　'the Italian invasion of Albania'
　　　　　"意大利对阿尔巴尼亚的入侵"

　　　　c. *l' invasine dell' Albania italiana

　　　　　　　　　　　　　　　　（Cinque，1995：288，例（2））

从题元角色来说，上例中形容词 italiana 担任的是主题角色，或者说是主题性形容词短语（thematic AP）。主题性形容词短语是中心名词外在题元角色（external theta-role），在句法功能上类似于句子的主语。成分 dell' Albania（of Albania）是名词中心语 invasine 的补语。按照中心语投射的结构，主语应该占据中心语和其补语所构成的中间投射之外的位置，而不是介于中心语 invasine 和补语 dell' Albania 之间。Cinque（1995）据此认为例（7b）并不是基础生成的结构。由此分析，该结构应该涉及某种移位。Cinque（1995）设想以下两种句法操作（Cinque，1995：288，例（3））：

（8）a. [$_{DP}$...[$_{NP}$ AP [$_{N'}$ N compl.]]]

　　　l' ital. invas.　dell' Alb.

　　　　S　　N　　O

　　b. [$_{DP}$...[$_{NP}$ [$_{N'}$ N compl.] AP]]

　　　l' invas.　dell' Alb. ital.

　　　N　　O　　S

例（8a）表示，名词中心语 N 提升移位至其主语左边的中心语位置。例（8b）则表示，通过实施所谓的"重名词短语转移"规则，名词中心语的补语被移至主语右边的位置。Cinque（1995）认为，对于罗曼语而言，例（8a）显示的中心语到中心语的提升移位才是可能的，而例（8b）所表示的"重名词短语转移"属于右向移位和嫁接，这在句法上是被排除的（Kayne，1994）。

　　接下来我们再看 Cinque（1995）关于定语形容词短语（attributive APs）的讨论，请看下例（Cinque，1995：290）：

（9）a. la loro brutale aggressione all' Ablbanie

　　　b. la loro aggressione brutale all' Ablbanie

　　　　'their brutal aggression against Albania'

　　　　"对阿尔巴尼亚人的残酷侵略"

上例还是来自意大利语，其中的定语形容词 brutale，既可位于名词中心语之前，也可位于其后。但是按照 Cinque（1995）的观察，此例中形容词短语的前置和后置在语义上有很大区别。后置形容词表示一种严格的方式解释；前置形容词具有主观倾向的解释。也就是说，（9a）表示很强的主观判断，即使这种侵略并非那么残酷；（9b）则不同，它表达客观上讲，这种侵略是采取了一种残酷的方式。同样，鉴于例（10）的结构语序不符合语法，即定语形容词不能置于名词中心语的补语之后，Cinque（1995）主张（9b）同样是由名词中心语提升移位而来的，而不是右向移位所致，如例（11）所示（Cinque，1995：291）：

（10）*la loro aggressione all' Ablbanie brutale

（11）[$_{DP}$ la loro [$_{YP}$ ___ [$_{XP}$ brutale [$_{NP}$ aggressione all' Albania]]]]

关于形容词短语，Kayne（1994）有另外一种设想，他认为所有形容词生成于一个关系从句内部的谓语位置，语言中有关形容词短语 AN 和 NA 皆是移位所致。具体讲来，AN 语序是形容词短语 AP 从谓词位置提升移位至 CP 的标示语位置；NA 语序则涉及名词短语 NP 提升移位至 CP 的标示语位置，如下所示（Alexiadou，2003：1）：

（12）a. [$_{DP}$ D [$_{CP}$ [$_{IP}$ NP AP]]]

      b. [$_{DP}$ D [$_{CP}$ NP$_j$ [$_{IP}$ t$_j$ AP]]]   head-raising   （中心语提升）

         the   ball   red

      c. [$_{DP}$ D [$_{CP}$ AP$_j$ [$_{IP}$ NP t$_j$]]]   predicate-raising   （谓词提升）

         the   red   ball

这种分析的一个潜在问题是，有些形容词无法做谓语，只能做定语修饰。Cinque（1995）认为无论从概念还是经验出发，都应该设想形容词短语生成于不同的标示语位置。基于这一设想，对形容词进行分类显得非常有必要，如下所示（Cinque，1995：298）：

（13）a. possessive > cardinal > ordinal > speaker-oriented > subject-oriented > manner > thematic

      b. possessive > cardinal > ordinal > quality > size > shape > color > nation

（13a）表示修饰事件名词短语（event nominals）的形容词系列；（13b）表示修饰描述客体的名词性短语（object-denoting nominals）的形容词序列。Cinque（1995）指出，诸如（13）所表现出的序列的存在，用嫁接语的设想难以给予解释，因为嫁接语的使用一般是自由的。反之，标示语分析的假设，能够自然地解释生成于那些功能投射标示语位置上的、表现为层次序列的形容词短语。再则，限定词短语 DP 中所能出现的定语形容词短语，在数量上有明显的限制。在嫁接语假设中，不存在设想这一限制的理由，而在标示语假设中，有关的限制就显得合理了，即在 NP 和 DP 之间，存在数量有限的功能投射。另者，根据标示语假设，对于形容词短语 AP 出现于中心语左边这一语言事实，无需进行规定，因为标示语的位置就在中心语的左边。

Cinque（1995）对于介于 NP 和 DP 之间都有哪些功能投射这个问题，并没有进一步详细的刻画。Scott（2002）对此做了深入的讨论。他认为，Cinque（1999）关于副词的讨论对形容词短语的研究具有启示意义。Cinque 主张，副词短语 AdvP 不是句子 IP 或者动词短语 VP 的递归性的嫁接语，而是一些具有语言普遍性的层次性分句功能投射 FP 的标示语的显性体现。Cinque 指出："存在于每一类副词与居于其右邻的中心语语素之间的明显的语义关系，每一个副词短语 AdvP，是与之相对应的功能中心语语素所投射产生的短语的标示语。"（Cinque，1999：140）Scott（2002：98）认为，既然副词可以按照其在线性顺序中表现出来的语义类别分析为一些功能投射的标示语，那么，鉴于理论上的统一性，当然也可以按照形容词在线性顺序中表现出来的语义类别分析为功能投射的标示语。

形容词作为标示语的这些功能投射，具有某些语义特征，决定形容词修饰语相对语序。因此，Scott（2002）认为探讨这些功能投射的语义特征就意味着要关注形容词类别本身，即研究什么形容词属于什么类别，是否某些形容词属于一个以上的类别。就此而论，形容词是一个非常复杂的词语类别，形容词嫁接语分析方法无法解决形容词叠加的次序问题，因此不是好的理论假设。本研究采用形容词标示语分析方法讨论黎语形容词的句法表现。

二、关系短语

名词性短语还可以受到关系从句（relative clause）的修饰，从而构成关系短语，这在一定程度上增加了名词性短语的复杂性。有学者把包含关系短语的名词性短语归类为复杂名词性短语（刘鸿勇，2020）。为了方便后面的论述，我们有必要明确一下关系从句和关系短语这两个概念。关系从句又名定语从句，在英语等语言中指由关系成分如关系代词、副词（有时是隐性的）引导的形容词性分句，如（14）中的斜体部分。关系短语指关系分句与受其限定的名词性短语所构成的更大的成分，如（14）中斜体部分以及它前面的加粗部分构成的整体结构（参阅温宾利，2001：276）。

（14）a. [**The cake** [RC *which Mary put on the table*]] is gone.

　　　 b. It reminds me of [**the days** [RC *when I was a kid*]].

例（14）中的关系短语由名词性短语和关系分句构成，可以称为有中心语的关系短语（headed relative）。没有显性名词性成分做中心语的关系从句可以称为无中心语关系短语（headless relative），或无核关系短语，见下例（温宾利，2001：276）：

（15）a. I eat [[RC what I like]].

　　　 b. I eat [[RC whatever I like]].

汉语中同样存在以上两类关系短语。例（16）的关系短语有显性名词性成分（"话""那个人"）作为关系从句的中心语，即为有中心语的关系短语；例（17）的关系短语没有显性名词性成分作为关系从句的中心语，即为无中心语的关系短语。

（16）a. 我不明白［他说的　话］。

　　　 b.［抽烟的　那个人］是老王。

（17）a. 我不明白［他说的］。

　　　 b.［抽烟的］是老王。

关于关系短语的句法研究，主要有两种分析方法，分别是嫁接分析（Chomsky，1982；Safir，1986；Browning，1987 等）和提升分析（见Kayne，1994；Bianehi，1999；Vries，2002 等）。按照嫁接分析，中心语基础生成于其表层位置，而从句则嫁接到中心语之上。从句是一个 CP 短语，其标示语位置上的 wh-词或空算子（0-operator, Op）由从句内部空缺位置移位而来，与中心语具有相同的指称属性，如（18）所示。

（18）a. the [NP man$_i$ [CP who$_i$ C [IP t$_i$ helped Tom]]]

　　　 b. the [NP man$_i$ [CP Op$_i$ that [IP t$_i$ helped Tom]]]

　　按照提升分析，关系短语都是限定词短语 DP，即 D 选择一个 CP 作为其补语。中心语基础生成于从句 CP 内部，经由一次或几次提升而出现在紧跟限定词 D 之后的位置，如下例（Kayne，1994：87—90）所示：

（19）[DP the [CP [NP picture]$_i$ [C' that [Bill saw t$_i$]]]]

　　Simpson（2003）把提升分析法应用到汉语的关系短语中。他把汉语关系化标记"的"视为限定词 D，汉语的关系短语也是一个 D-CP 结构。具体的句法操作包含两个步骤：一是核心名词通过非论元移位移至 CP 的标示语位置；二是剩下的主谓短语移位到 DP 的标示语位置。按照这两个步骤，就生成汉语关系短语的语序，如下例所示：

（20）a. [$_{DP}$ 的 [$_{CP}$ [$_{NP}$学生]$_i$ [$_{C'}$ e$_i$打架]]

　　　b. [$_{DP}$ [打架]$_j$ $_{D'}$ 的 [$_{CP}$ [$_{NP}$ 学生]$_i$ [$_{C'}$e$_j$]]

Simpson（2003）的分析无法证明现代汉语功能词"的"可做限定词使用（刘鸿勇，2020：188）。陈宗利（2007）基于汉语的关系从句的讨论，提出 RelP 分析设想，按照这种分析，关系短语生成过程中的第一步是 RelP 的生成，即"关系化操作"，其目的在于消除 Rel 中心词所携带的不可解释性特征[+Rel]。关系从句修饰的中心语既可以基础生成于 RelP 的标示语位置，也可以由从句内部提升移动而来。具体说来，当中心语在从句内做嫁接成分时，它是基础生成的；当中心语在从句内充当主语或宾语等论元成分时，它是移位而来的。

由于汉藏语系语言的名物化与关系化使用同一个标记，学者们普遍认为关系从句和名物化短语之间的联系甚为紧密，有学者认为关系化就是名物化。DeLancey（1999）指出，关系从句是名物化的特殊情况，在这种情况下，名物化后的从句修饰核心名词，并与核心名词并列。例如藏缅语族语言，汉语的前置型关系从句一般不是真正的关系从句，而是名物化短语（参阅邹雨橙、胡素华，2021）。

刘鸿勇（2020）基于汉藏语的观察，对汉藏语的关系短语进行名物化分析。按照名物化分析，关系从句和核心名词的关系不再是修饰语和被修饰语之间的关系，也就是说在下例中，"约翰写的"不是用来修饰核心名词"书"的定语。

（21）*约翰写的*书很有趣。

刘鸿勇（2020）也反对关系从句和核心名词是同位语关系的主张，因为二者不具有相同的指称。他认为，核心名词是关系从句的谓语，其功能是用来限制名物化短语（即关系从句）所指涉的对象的属性。也就是说，在该例中，"约翰写的"已经名物化，可以充当论元，其语义类型是<e>，核心名词"书"作为谓语对"约翰写的"的指涉进行限制。名物化的语义表达式见下例（刘鸿勇，2020：197）：

（22）a. <u>约翰写的</u>很有趣。

　　　λP.ιx[WRITE (约翰, x)∧P(x)]

　　b. <u>约翰写的</u>〔书，小说，论文……〕很有趣。

　　　λP.ιx[BOOK (x)∧WRITE (约翰, x)∧P(x)]

上例表示，变量 x 被 ι 算子约束，但是并没有被限制，因此无从知道约翰写的到底是什么。b 句中核心词〔书，小说，论文……〕的作用是限制变量 x。按照名物化的分析，该句的句法生成如下图（刘鸿勇，2020：198）所示：

（23）

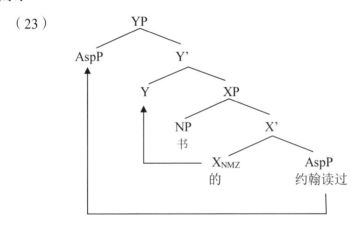

刘鸿勇（2020）指出，受汉语前置型关系短语的语序制约，"约翰读过"会移位至 DP 的标示语位置。要完成这样的移动，必须触发"X-to-Y"的中心语移动。但是，关系从句"约翰读过"为何移至 DP 的标示语位置？其动因是什么？在该作中并没看到相关的表述。关于"X-to-Y"的中心语移位动因，刘鸿勇（2020）认为这样一来，可以让"约翰读过"与 SpecXP 和 SpecYP 等距，其中缘由是什么？对此该作没有做进一步解释。尽管我们赞同刘鸿勇（2020）的名物化语义分析，但是，名物化分析的具体句法操作还值得商榷。

　　为了追求理论的统一性和系统性，我们秉承对形容词的标示语生成分析方法，提出关系从句本质上和形容词一样，是 DP 内部一个功能中心语的标示语，我们把这一功能中心语定义为名物化 Nom(inalizer)，关系从句是一个 CP，位于 Nom 的标示语位置。

　　以上我们简要梳理了学界对形容词短语和关系从句的有关研究，并提出我们的理论设想，以此作为基础，讨论黎语的形容词短语和关系短语。

第二节　黎语形容词短语

黎语形容词可以充当谓语、定语、状语和补语。黎语形容词修饰名词无需像汉语"的"那样的结构助词，形容词位于名词之后。黎语形容词无论是单音节还是双音节，都有重叠式，用来表示程度的加深，如 gaus gaus（早早的）、lok lok（黑黑的）、peek peek tauus tauus（高低不平的）。黎语形容词还可以受名词修饰，在这种情形下，形容词在左，名词在右，如 beekk langs（宽如海），实际上这种结构是由形容词+介词短语简化而来的，即介词 bhan（如）被省略掉了。在本节，我们考察和分析黎语有关形容词的句法结构。

黎语的形容词居于名词之后，如下例所示：

（24）a. guett　　long

　　　　路　　　　大

　　　　"大路"

　　　b. noms　　ghatt

　　　　水　　　　冷

　　　　"冷水"

　　　c. qias　　kau

　　　　纸　　　白

　　　　"白纸"

　　　d. kous　　lok

　　　　裤子　　黑

　　　　"黑裤子"

　　　e. hluu wuekk　　hlen muen

　　　　姑娘　　　　　漂亮

　　　　"漂亮的姑娘"

重叠的形容词也是后置名词修饰，如下例所示：

（25）zuu　　hom　　blungs　　long long

　　　一　　　间　　　房子　　大　大

　　　"一间大大的房子"

（26）Na　zaux　*zuu*　*bhuis*　*qias*　<u>*na na*</u>.
　　　他　有　一　本　书　厚厚

"他有一本厚厚的书。"

黎语形容词还可以受形容词修饰，通常用来表达被修饰形容词的否定意义。如下例中形容词 reek 是"坏"的意思，由它修饰的形容词是一种否定。请看下例：

（27）a. reek　com
　　　　　坏　锋利
　　　　"不锋利"

　　　b. reek　nyets
　　　　　坏　干净
　　　　"不干净"

　　　c. reek　muen
　　　　　坏　好看
　　　　"不好看"

　　　d. reek　<u>beis nyas</u>
　　　　　坏　　那么
　　　　"那么坏"

例（27d）显示，reek 是一个形容词，表示"坏"的意思，因为该词可以受程度副词 beis nyas（那么的）修饰。在例（27a-c）中，reek 作为前置成分，赋予形容词否定的语义。需要注意的是，reek 本身不是表示否定的前加词缀。更有意思的是，表示程度的副词位于形容词右侧修饰，然而在形容词修饰形容词的结构中，作为修饰语的形容词位居左侧。

除了用 reek 表示形容词的对立面之外，黎语还可以用 hlen（好）表示形容词程度的加强，如下例中 hlen 修饰 com（锋利），表示"很锋利"的意思。

（28）hlen　com
　　　　好　锋利
　　　　"很锋利"

当然，相比形+形短语，副词修饰短语更为普遍，见下例：

（29）a. tauus　<u>beis nyas</u>
　　　　　矮　　非常

"非常矮"

b. hlen beis nyas

好   非常

"非常好"

c. peek beis nyas

高   非常

"非常高"

d. lai beis nyas

远   非常

"非常远"

e. bauus beis nyas

近   非常

"非常近"

f. dheeng beis nyas

甜   非常

"非常甜"

从上例可见，副词 beis nyas（非常）是黎语比较活跃的程度副词。此外，黎语还可以通过其他更复杂的结构来增强形容词的程度。见下例：

（30）a. reek bhan max

坏   如   那

"那么坏"

b. hlen bhan max

好   如   那

"那么好"

c. peek bhan neix

高   如   这

"这么高"

d. long bhan max

大   如   那

"那么大"

上例的结构实质上是一种形+介+指示代词的复合结构，相当于汉语的"像这/那样……"。也就是说，说话人在描述某一事物时，有一个对比的参照物。例如用手比画，又或者指向附近某一对象。不光指示代词可以构成这样的结构，在黎语中，名词还可以用来修饰形容词，如下例所示：

（31）a. bheng　bhan　langs

　　　　宽　　　如　　海

　　　　"宽如海"

　　　b. long　bhan　duis

　　　　大　　　如　　牛

　　　　"大如牛"

　　　c. bheng　bhan　got　blungs

　　　　宽　　　如　　门　房

　　　　"宽如房门"

值得注意的是，介词 bhan（如）还可以省略，变成 A+N 的表层结构。在黎语形容词修饰名词的短语中，形容词位于名词右侧。这么一来，我们可以得到两种短语的鲜明对比，AN 短语中 A 是中心词，NA 短语中 N 是中心词［见例（32）］，中心语总是位居左侧。这两种短语的句法生成理应不同。

（32）a. bheng　langs

　　　　宽　　　海

　　　　"宽如海"

　　　b. langs　bheng

　　　　海　　　宽

　　　　"广阔的大海"

在上一节中，我们介绍了形容词标示语分析的制图句法理论主张。该理论认为，尽管在表层结构中不同语言形容词修饰名词在语序方面存在区别，但其基础位置应该是相同的，形容词居后现象是名词中心语 N 提升移位的结果，见下图所示：

（33）a. [D...[AP Y [AP N]]]

但是，Cinque（1999）关于 N 提升的分析只用来解释罗曼语言的形容词修饰的名词性短语。在罗曼语言名词性短语中，有些形容词出现在名词前，有些形容词出现在名词后，即呈现出 ANA 的语序。对于纯粹 NA 语序的语言，Cinque（1999）不认为是移位所致，AN 语言和 NA 语言是中心语–修饰参数不同设置所致。我们认为，这样的解释存在一些问题。首先，对于中心语在前的语言来说，NP 之上的功能语类应该在 NP 左侧投射，如果赞同形容词标示语生成说，形容词所在的功能语类投射当然位于 NP 的左侧，没有移位发生，根本无法产生 NA 的序列。此外，我们不主张一种语言同时存在中心语在前和中心语在后两种参数设置，因为这违背 UG 和参数设置的原则，加剧了儿童语言习得的难度。鉴于此，我们坚持移位说的假设，以此解释中心语在前的黎语形容词短语的生成。所不同的是，我们认为提升移位的是名词短语 NP，而不是中心名词 N。

按照形容词标示语分析的设想，我们认为黎语形容词在右的语序是 NP 提升所致。我们将基于以上图示分析黎语形容词短语。例（24）中形容词修饰的名词性短语由 AN 短语转换生成，可以表示如下：

（34）$[D...[_{YP} \text{guett}\ _{Y}[_{SizeP} \text{long}\ t_i]]]$

上例显示，名词短语 NP guett（路）移至 SizeP 之上中心语 Y 的标示语位置，生成序列 guett long（大路）。关于 Y，我们假设是 D 与 NP 之间的某一功能语类。尽管我们还无法明确它的句法属性，但可以做出一些设想，前述我们主张 DP 可以分裂出焦点短语 $D_{Foc}P$，能否设想焦点短语也可以发生在较低的句法位置（D 以下）？张志恒（2013）认为，句子层面的焦点结构除了发生在句子左边缘之外，IP 内也存在焦点结构。如果把 DP 视为 CP，显然也可以设想 DP 和 NP 之间存在类似于 IP 的投射，以上提到的焦点结构就位于其中。

形容词叠加修饰的现象在黎语中也比较普遍，叠加形容词同样遵守严格的序列顺序。例如，表示大小的形容词，较之表示颜色的形容词，离名词更远［例（35）］。黎语形容词短语和汉语形容词短语呈现出一种镜像语序关系，和汉语一样，表示颜色形容词 kau 较之表示大小的形容词 long，离名词更近，所不同的是，黎语名词位于叠加形容词左侧。例（36）显示，性质形容词 hlai 相比状态形容词 hlen muen 离名词更近。

（35）a. zuu   dhe   gas   kau   long

　　　 一　　 只　　 马　　 白　　 大

　　 "一匹大白马"

　　b.*zuu　dhe　gas　long　kau

　　一　　只　　马　　大　　白

"一匹大白马"

（36）a. <u>hluu wuekk</u>　hlai　<u>hlen muen</u>

　　姑娘　　　　黎族　　漂亮

　　b.*<u>hluu wuekk</u>　<u>hlen muen</u>　hlai

　　姑娘　　　　漂亮　　　黎族

　　在句法上如何刻画黎语叠加形容词修饰的短语？如前述所言，为了确保一种语言中心语在前参数设定的一致性，我们坚持名词提升移位的分析方法。如果设想例（35）叠加形容词基础生成的短语是 A_1A_2-NP，显然 A_2 理应是颜色形容词，A_1 是大小形容词。但是，名词 NP 依次提升移位并不能生成 NP-A_2A_1 短语，而是生成 NP-A_1A_2 短语。

　　为了解释泰语和高棉语名词性短语的序列[NP Num CL Dem]，Simpson（2005）设想作为中心语在前类型语言，泰语和高棉语名词性短语基础生成的序列是[Dem Num CL NP]，经历两次左向移位而生成表层序列。首先 NP 跨越 Num 和 CL 移位至 Dem 和 Num 之间，接着，整个[NP Num CL]短语跨越 Dem，移至 Dem 的左侧，最后生成表层序列[NP Num CL Dem]。整个推导过程如下所示：

（37）基础结构：[Dem Num CL NP]

　　　　NP 移位：[Dem NP$_i$ Num CL t$_i$]

　　　　跨越 Dem 的移位：[[NP$_i$ Num CL t$_i$]$_k$ Dem t$_k$]

（Simpson，2005：828）

　　我们采纳 Simpson（2005）的方法分析黎语叠加形容词修饰短语的生成。我们同样认为，黎语叠加形容词修饰的基础生成序列[A$_1$ A$_2$ NP]。NP 先是跨越 A$_2$ 移位，生成 A$_1$ NP$_i$ A$_2$ 短语，接着整个[NP$_i$ A$_2$]跨越 NP$_i$ A$_2$ 移位，最终生成 NP-A$_2$A$_1$ 短语。如下所示：

（38）基础结构：[A$_1$ A$_2$ NP]

　　　　NP 移位：[A$_1$ NP$_i$ A$_2$ t$_i$]

　　　　跨越 A$_1$ 的移位：[[NP$_i$ A$_2$ t$_i$]$_k$ A$_1$ t$_k$]

　　黎语中并非所有的形容词都位于名词右侧，也存在类似罗曼语言的 ANA 短语，只不过，名前形容词比较有限，目前我们只发现 hluuek（小）

位于名词左侧，见下例：

（39）a. hluuek　　ha　　taty

　　　　 小　　　腿　　短

　　　b. hluuek　　dhangx　　poengx

　　　　 小　　　凳　　　方

　　　c. hluuek　bau　ghweis

　　　　 小　　猪　　肥

　　　d. zuu　 hom　 hluuek　 ceeng　 ghaens

　　　　 一　　朵　　小　　　花　　红

在上面所列出的 ANA 短语中，其基础生成同样是 AAN 短语，NP 左向提升移位一次，即 NP 跨越左侧一个形容词，从而生成 ANA 的结构。

　　叠加形容词短语中，A_1 和 A_2 间还可以出现一个类似汉语结构助词"的"的语素 as，如下例所示：

（40）hauux　　hom　　<u>ongx mongx</u>　　ghaens　　as　　　　long

　　　 那　　　个　　　球　　　　红　　名物化　　大

　　　"那个大红球"

　　我们认为，连接 ghaens 和 long 的 as 是一个名物化标记，换言之，as long 是名物化短语，具有名词性质，不再是形容词，见下例：

（41）A: Dhuus　deuu　co　zaux　fus　bhui　qias.

　　　　 在　　上　桌　有　三　本　书

　　　　"桌子上面有三本书。"

　　　B: As　　ghaens　hauux　guux　as　ras?

　　　　 名物化　红　　那　　属于　　谁？

　　　　"那本红色的是谁的？"

在上例中，说话者 B 用 as ahaens hauux 指"红色的那本书"，在该短语中，qias（书）被省略了，因此是一个无核心名词的名物化短语。在本章第六节关系短语的讨论中，我们将对以上短语做进一步探讨。

　　有些时候两个形容词之间还有一个连词连接，并且两个形容词的顺序不受限制，可以交换位置，如下例所示：

（42）a. zuu　lang　gas　long　loms　kau

　　　　 一　只　马　大　又　白

"一匹大白马"

b. zuu   lang   gas   kau   loms   long
一   只   马   白   又   大

"一匹大白马"

以上短语中 kau loms long（白又大）是一个整体，位于某一个功能投射的标示语位置。显然，我们无法把这个功能投射归为 SizeP 或者 ColourP，应该是两者的合体。对此，我们还无法做进一步的分析。便于论述，我们可以暂时用 FP 来表示。可以用树形图表示如下：

（43）

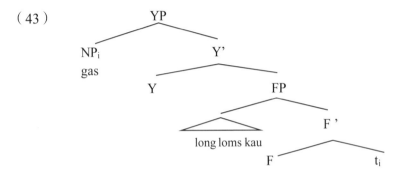

在以上短语中，long loms kau（大又白）是一个最大投射，位于 FP 的标示语位置。关于 long loms kau 的内部结构，可能是一个 ConjunctionP 的句法投射，如下图所示：

（44）

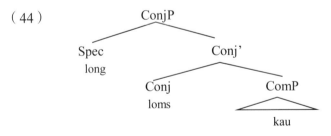

黎语形容词短语和汉语形容词短语形成一种镜像的关系，我们对此采取 Simpson（2005）移位说分析思路，其根本动因是为了坚持语言参数设定的统一性，具体讲，黎语动词句法表现出中心语在前的句法属性，我们没有理由设想黎语名词句法是中心语在后的参数设定，这不符合语言机制的简约性。在后面其他短语的句法讨论中，我们仍然坚持这样的理念。

第三节　黎语形容词重叠式

重叠是使某语言形式重复出现的语言手段（李宇明，1996）。重叠之前的形式称为"基式"，重叠之后的形式称为"重叠式"。汉语的重叠可出现在语言的各个层面，根据研究角度不同，可以把重叠分为：完全重叠式和不完全重叠式、构词重叠、构形重叠和句法重叠等（马春霖，2014）。

如何给重叠式进行分类？如何确定重叠式的句法地位？例如，熊仲儒（2016）认为动词重叠不是动词的构形形态，该结构中后一个动词实为借用的量词。因为动词重叠中的两个动词没有融合，不表现为构形形态，该研究的重要证据是两个动词中间可以插入"了"。此外，动词重叠式后边的动词，无论是在它的扩展对象上，还是在它的分布位置上，都与普通量词的表现相似。熊仲儒（2016）的研究表明，对重叠式的句法定性需要依赖细微的语料观察，同时还需要与其他结构对比分析。

本研究所考察的黎语形容词重叠式是完全重叠式的构形重叠式，其主要形式是 AA 和 AABB 式。除此之外，我们还发现黎语存在形容词三叠式，并且构成这种三叠式的基式只能是单音节形容词。整体而言，这种类型的三叠式在语言中并不多见，但是，我们在海南闽语也发现这样的三叠式。本研究所涉及的常见的黎语形容词重叠式可以列举如下：

（45）Zuu　hom　waus　neix　*peek　peek　long　long.*
　　　一　　座　　山　　这　　高　　高　　大　　大
　　　"这座山高高大大的。"

（46）Zuu　hom　as　neix　*long　long.*
　　　一　　个　　西瓜　这　　大　　大
　　　"这个西瓜大大的。"

（47）veengs　*tat　tat*
　　　衣服　　短　　短
　　　"短短的衣服"

（48）a. zuu　dhe　gas　kau　*long　long*
　　　　一　　只　　马　　白　　大　　大
　　　　"一匹大白马"

　　b. *zuu　dhe　gas　*kau*　*kau*　long

　　　一　　只　　马　　白　　白　　大

　　"一匹大白马"

（49）a. cai　long　*peek*　*peek*

　　　树　　大　　高　　高

　　"高高的大树"

　　b. *cai　*peek*　*peek*　long

　　　树　　高　　高　　大

　　"高高的大树"

　　从上面的例子可以看出，黎语形容词重叠式既可以充当谓语，也可以充当定语。形容词重叠式也可以和形容词单式叠加修饰名词，但是，重叠式必须位居最右侧。

　　从语义功能上来看，重叠式都和"量"这个认知范畴有关，词语重叠就是表达"量"诸多手段中的一种。李宇明（1996）认为所有的词语重叠都与量的变化有直接或间接的关系。从语法上讲，词语重叠是一种表达量变化的语法手段，"调量"是词语重叠的最基本的语法意义。

　　从句子成分来说，形容词重叠式同一般形容词基本一样，即可以充当谓语，也可以充当状语和定语。但是，从更微观上说，形容词重叠式与非重叠式的句法功能并非完全一致，而且各种重叠式的功能也不尽相同。例如在汉语中，形容词重叠式通常要求结构助词"的"的辅助，而很多非形容词重叠式不需要"的"辅助（石定栩，2000），通过以下例子的对比就可以看得很清楚。

（50）a. 干净床单

　　b. 干净的床单

　　c. *干干净净床单

　　d. 干干净净的床单

（石定栩，2000：194）

　　石定栩（2000）通过考察汉语大量的语言事实，指出带"的"定语形式的是短语，不带"的"定语形式的是词，两者的句法特性完全不同。单个形容词有些既能带"的"也可以不带"的"作为定语，这说明词类形容词具有兼有短语和词的身份。在此基础上，石定栩认为形容词重叠式修饰名词必须带"的"这一特性表明，形容词一经重叠就变成了短语。那么，重叠操作如何会改变形容词的句法地位呢？石定栩认为，比较可行的做法是假设重叠是对形容词的修饰，相当于一种定中短语。这能说明为何形容词重叠式同非重叠式在语义上有很大区别。石定栩的这种假设在黎语中得到较好的验证。在上一节中，我们讨论了黎语形+形短语，即形容词可以修饰另一形容词 [见例（51）]。并且，修饰作用的形容词位于左侧，说明这是基础生成的语序，不涉及移位。因为整个形容词短语生成于功能中心语的标示语位置，其内部缺乏移位的动因。

（51）a. reek　com

　　　　坏　　锋利

　　　　"不锋利"

　　　b. reek　nyets

　　　　坏　　干净

　　　　"不干净"

　　　c. reek　muen

　　　　坏　　好看

　　　　"不好看"

关于形容词重叠式是短语的论述还可以追溯到更早的文献，如郑良伟（Cheng，1988）（引自隋娜、胡建华，2016）认为汉语形容词和量词重叠与动词重叠一样，都可以通过短语结构规则生成短语。他的一个依据是程度副词"很"修饰形容词简单形式，这是短语的组合，而"很"与形容词重叠式不能共现 [见例（52）]，这说明它们是互补的，因此可以说两者在句法结构中占据相同的位置，具有同样的句法地位。

（52）a. 花很红。

　　　b. *花很红红。

隋娜、胡建华（2016）不赞成形容词重叠式是短语的说法，他们认为形容词重叠在词法中进行。如果说形容词重叠与程度副词"很"具有相同的句法地位，在句法中通过短语规则生成的，无法说明二者为何存在如此显著的差别 [见例（53）和（54）]。

（53）a. #花红。　　b. 花很红。　　　c. 这朵花红。　　　d. 花红，草绿。

（54）a. *花红红。　b. *这朵花红红。　c. *花红红，草绿绿。

例（53a）中形容词简单式做谓语，表现出未完句效应。而"很"的修饰可以帮助句子完句，如例（53b）所示。但是，"很"并不是帮助形容词简单式完句的唯一手段。当句子的主语是有定的名词短语，如例（53c）所示，或者在对举的环境例（53d）中，句子也可以完句。然而，形容词重叠无法帮助形容词谓语完句［例（54）］。形容词重叠式做谓语，只有借助"的"才可以完句，如下所示：

（55）花红红*（的）。

上面例子说明形容词重叠与程度副词"很"修饰形容词存在差别。此外，形容词重叠与动词重叠不一样，动词重叠可以完句，如下所示。

（56）a.#我看这本书。 b. 我看看这本书。

按照隋娜、胡建华（2016）的观察，形容词重叠表现出和程度副词"很"不同的句法表现，且形容词无法像动词重叠那样可以完句。但是，这些观察还不能作为形容词重叠式在词法上生成的明证。

关于形容词重叠式对"的"的依赖现象，顾阳（Gu，2008）从语义上进行了解释。她认为做谓语的形容词重叠的作用相当于一个复数化算子，把一个有级差的范畴变成为一个不可数范畴，因此需要"的"的允准才能成句。同样，动词重叠是一个复数化的体算子，作用于无界动词，产生的重叠式为无界情景（atelic situation）。按照顾阳的分析，（形容词和动词）重叠的作用域是 VP 和 vP，见下图（隋娜、胡建华，2016：323）：

（57）

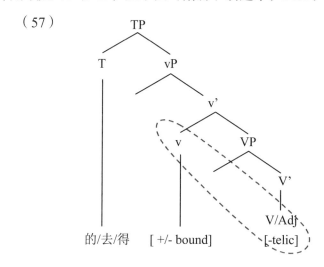

在形容词简单式做谓语的句子中，程度副词"很"的作用是锚定时间（例如

"小明很高"中的"很")。这与形容词重叠式中"的"的作用一样。按照这种分析，例（58a）之所以不合法，是因为时制没有锚定。在动词重叠式做谓语的句子中，同样需要一个能够锚定时间的成分，例（59）中的"去、得"等表示将来的成分正起到这样的作用。也就是说，形容词重叠式的"的"和动词重叠式句中的"去/得"作用相同。这样的分析可以解释形容词重叠式与程度副词"很"同现为何不合法［见例（60）］。程度副词"很"需要作用于一个有极差的范畴，而形容词重叠产生一个不可数范畴，因此"很"不能够做形容词重叠式的时间定位成分。

（58）a. *小明高高。　　b. 小明高高的。

（59）a. 你去看看客人走了没有。　　b. 我得看看客人走了没有。

（60）*小明很高高。

这些理论假设在黎语形容词重叠式的考察中都很难成立，因为黎语形容词重叠式无论是充当定语还是充当谓语，都不需要结构助词的辅助。请看下例：

（61）Zuu　hom　as　neix　long　long.
　　　一　　个　西瓜　这　　大　　大
　　　"这个西瓜大大的。"

（62）Zuu　hom　blungs　neix　long　long.
　　　一　　间　　房子　这　　大　　大
　　　"这一间房子很大。"

（63）Zuu　hom　waus　neix　peek　peek　long　long.
　　　一　　座　　山　　这　　高　　高　　大　　大
　　　"这座山高高大大的。"

（64）veengs　kau　kau
　　　衣服　　白　　白
　　　"白白的衣服"

（65）veengs　tat　tat
　　　衣服　　短　　短
　　　"短短的衣服"

（66）zuu　hom　blungs　long　long
　　　一　　间　　房子　大　　大

"一间大大的房子"

顾阳（2008）的分析把重叠视为一种算子操作，对其句法生成不做具体的刻画。对于重叠式的句法推导，学界有些学者提出一些具体的假设。例如，Gulli（2003）从制图句法理论角度，认为重叠式内部是通过限定短语（FinP）的"拷贝–删除"（copy-delete）操作而生成的。也有学者认为重叠式与并列结构在形式上相近。从句法上来看，并列结构由一个连接词（conjunction）相连，如 Kayne（1994）所说的 [DP$_i$ [and DP$_j$]]，其中 and 是中心语，DP$_j$ 是其补语，而 DP$_i$ 则在标示语位置。且连接词有时可呈隐性（covert）形式出现。邓思颖（Tang，2015）提出"广义联合结构"来解释小句和语气词的句法结构。如下图所示，F 便是一个隐形的连接词，连接小句 YP 和语气词 XP。

（67）

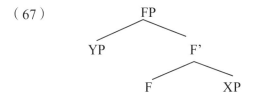

张庆文、邓思颖（Zhang & Tang，2013）在分析量词重叠式时，认为量词重叠形成一个分配短语（DistP），如（68）所示。也就是说，量词重叠式并非拷贝的结果，而是由连接词 Dist 连接而成的，而 Dist 可以是一个隐形的成分（参阅黄新骏蓉，2016）。

（68）

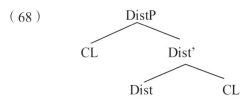

关于形容词重叠式的句法生成，石定栩（2000）认为可以假设汉语中有个抽象的状语形式 R（重叠）。当需要表达某种意思时，可以用来修饰形容词成分，形成一个同一般状中短语句法地位相当的形容词短语。但是，石定栩对此并不展开详细的讨论。关于重叠短语的这种设想在后来的文献中也能看到，例如黄新骏蓉（2016）在讨论汉语特殊的三叠式时就设想重叠短语 RedupP 的句法操作，这种重叠中心语 R 是一个隐性功能词，R 连接不同类型短语，从而得到重叠式。并且，RedupP 具有递归性（recursive），换言之，RP 内还可以嵌套另外的 RP，如下例（黄新骏蓉，2016：89）所示：

（69）XP = VP: [$_{\text{RedupP}}$ VP [R [VP]]]

XP = RedupP: [$_{\text{RedupP}}$ VP [R [$_{\text{RedupP}}$ VP [R [VP]]]]]

这种句法生成如下例所示：

（70）

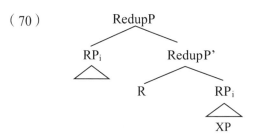

（黄新骏蓉，2016：88）

黄新骏蓉（2016）认为，RedupP 嫁接到不同句法位置实现不同的语义功能。例如，RedupP 嫁接到 AspP 之上，表达动作上的"持续反复"，RedupP 嫁接到 AdvP 或者 TP，表达"程度加深"。这种分析显然把形容词短语视为嫁接语，与本研究所主张的标示语分析法相悖。我们同意重叠短语 RedupP 的设想，但我们认为 RedupP 可能生成于不同功能中心语的标示语位置，因为有证据表明，形容词重叠式修饰同样要遵守某种严格的顺序，在黎语中不乏这样的例证。例（71c）和（72c）之所以不合语法是因为重叠式不能出现在单式形容词的前面。

（71）a. cai　long　peek

树　　大　　高

"高高的大树"

b. cai　long　peek　peek

树　　大　　高　　高

"高高的大树"

c.*cai　long　long　peek

树　　大　　大　　高

"高高的大树"

（72）a. zuu　dhe　gas　kau　long

一　　匹　　马　　白　　大

"一匹大白马"

b. zuu dhe gas kau long long
一　匹　马　白　大　大

"一匹大大的白马"

c. *zuu dhe gas kau kau long
一　匹　马　白　白　大

"一匹大大的白马"

因此，我们可以得出结论：形容词重叠式的句法位置遵守一定的顺序，如果是嫁接语，理应不会受严格顺序的影响。鉴于此，对黎语形容词重叠式的分析，我们依然秉承形容词标示语分析的理论思路，把做定语的形容词重叠式分析为功能词的标示语，如下图所示：

（73）

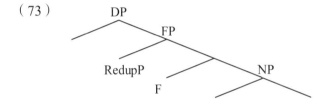

从上图可以看出，形容词重叠式的句法生成和单式形容词并无本质区别，所不同的是，形容词重叠式是由功能词 Redup 投射，连接两个单式形容词的最大投射，整个 RedupP 生成于 NP 之上某一个功能词 F 的标示语位置。下面我们用具体例子对此进行说明。

（74）zuu hom blungs long long
一　间　房子　大　大

"一间大大的房子"

（75）

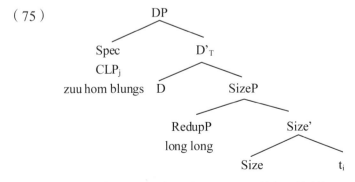

例（75）显示，形容词重叠式生成于 SizeP 的标示语位置，位于 SizeP 补语

位置的量词短语 CLP 向 D 的标示语位置移位，从而生成恰当的语序。

词语重叠是一种表达量变化的语法手段，"调量"是词语重叠最基本的语法意义（李宇明，1996）。我们认为，"调量"就是功能词 Redup 的句法功能，具体地讲，Redup 的句法投射实现语言的"量"的强化。黄新骏蓉（2016）认为 RedupP 嫁接到不同句法位置从而实现不同的语义功能。若按照李宇明（1996）的说法，所有的词语重叠都与量的变化有直接或间接的关系。我们就可以设想 Redup 投射乃语言"调量"所需，即"调量"是 Redup 投射的句法动因。

以上讨论的是定语形容词重叠式，黎语重叠式还可以充当谓语，且无需结构助词就可以完句，如下例所示：

（76）Zuu hom blungs neix long long.
　　　一　　间　　房子　　这　　大　　大
　　　"这一间房子很大。"

（77）Zuu hom as neix long long.
　　　一　　个　　西瓜　　这　　大　　大
　　　"这个西瓜大大的。"

特别值得注意的是，黎语做定语的形容词重叠式位于名词性短语右侧，而做谓语的形容词重叠式也是位于名词性短语右侧，因此从形式上有些难以区分。但是，在语言调查中我们发现，形容词重叠式左侧的名词性短语若带指示代词，整个表达式一定是谓语句的理解。我们把两种结构对比如下：

（78）Zuu hom as neix long long.
　　　一　　个　　西瓜　　这　　大　　大
　　　"这个西瓜大大的。"

（79）zuu hom blungs long long
　　　一　　间　　房子　　大　　大
　　　"一间大大的房子"

例（78）是一个主谓结构；例（79）是一个名词性短语。两个结构的唯一区别是前者含有一个指示代词 neix。做谓语的形容词重叠式还可以是 AABB 式，如下例所示：

（80）Zuu hom waus neix peek peek long long.
　　　一　　座　　山　　这　　高　　高　　大　　大

"这一座山高高大大的。"

形容词重叠式做谓语，其句法生成当然不同于做定语的形容词重叠式。我们认为，在谓语句中，形容词重叠式 RedupP 基础生成于 TP 辖域内。相比单式形容词做谓语，形容词重叠式做谓语更为自然，见下例中形容词重叠式和单式的对比：

（81）Zuu　hom　blungs　neix　long　long.
　　　一　　间　　房子　　这　　大　　大
　　　"这一间房子很大。"

（82）? Zuu　hom　blungs　neix　long.
　　　一　　间　　房子　　这　　大
　　　"这一间房子大。"

例（82）只有在一种对举的话语中才变得自然，即对比两所房子，例如表达"这房子大，那房子小"，这种表现和汉语无异。

因此，我们设想在形容词重叠式谓语句中，RedupP 基础生成在 AspP 的标示语位置，而单式形容词不是生成在 AspP 标示语位置。前面我们介绍了 Gu（顾阳，2008）的观点，该作认为做谓语的形容词重叠是一个无界的事件量化词，其作用相当于一个复数化算子，把一个有级差的范畴变成为一个不可数范畴，因此需要"的"的允准才能成句。然而黎语形容词重叠式可以做谓语，且可以完句，无需结构助词的辅助。因此，我们无法认为黎语形容词重叠式是一个无界的事件量化词，把有级差的范畴变成不可数范畴。我们目前的处理方法显得简单、直接，即设想重叠式短语 RedupP 基础生成于体制短语 AspP 的标示语位置。谓语句的讨论属于动词性句法范畴，非本研究所关注的论题，我们暂不对此做进一步的讨论。

前述讨论的重叠现象皆是二叠式。近年来也有不少学者开始关注一些特殊重叠式（刘丹青，2009；杨玉玲，2013；方寅、段业辉，2015；李先银，2016 等）。其中有一种比较有意思的重叠现象是由单音节词组成的三音节式 X1X2X3（简称三叠式）。刘丹青（2012）将典型的重叠称作"原生重叠"，包括形态性重叠和语音重叠；将处于中间且又不是反复的形式称为"次生重叠"。黄新骏蓉（2016）把这种三叠式称为"次生重叠"。

三叠式大量出现于汉语普通话口语。构成三叠式的基本都是成词语素，其中最能产的是动词，如"滚滚滚""来来来"。其次是形容词，如"好好好""快快快"。此外，还有一些副词、名词、代词、拟声词和叹词三叠式可以表达动作事件的持续反复、程度加深、强调、拟声化、话题化等语义。黄新骏蓉（2016）认为三叠式的基本义是"量化"，由此出发，引申发展出不同的语义，再经过话题化和拟声化，去范畴化从而成为不同于原本的用法。重叠式的分析有一个重要的问题需要考虑，即某一重叠式的"重叠"究竟是构词手段还是构形手段。黄新骏蓉（2016）认为上面的三叠式，其"重叠"则更倾向于是一种构形手段，也就是说，三叠式并不是一个在词库里有位置的成分，应是句法操作的产物。

对于这种三叠式的句法生成，黄新骏蓉（2016）指出三叠式（RedupP）是一种基式的完全重复，其结构应如例（70）所示，重新列举如下：

（83）

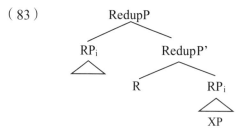

我们认为，黄新骏蓉（2016）及其他学者讨论的汉语普通话中常见的单音节堆叠现象可能是一种修辞反复。如下例中的形容词三叠式，主要是作为一种应答语使用，是一种语用上的话语反复。

（84）对对对，行行行，好好好

这种结构无法进入句子内部结构，既不能做定语修饰，也不能做谓语。见下例：

（85）a. *对对对（的）答案　　a'. *他的话对对对（的）

　　　 b. *好好好（的）书　　　b'. *这书好好好（的）

然而，我们在黎语中发现一种既能做定语修饰，也能做述谓的形容词单音节三叠式，见下例：

（86）qias　kau　kau　kau

　　　 纸　　白　　白　　白

　　　 "很白很白的纸" / "纸很白很白。"

（87）Zuu　hom　blungs　neix　long　long　long.

　　　一　　间　　房子　　这　　大　　大　　大

　　"这一间房子很大很大。"

　　我们同意黄新骏蓉（2016）的主张，认为 RedupP 具有递归性（recursiveness），换言之，RP 内还可以嵌套另外的 RP，如例（69）所示，重新列举如下：

（88）XP = VP: [ₐₑ𝒹ᵤₚₚ VP [R [VP]]]

　　　XP = RedupP: [ᵣₑ𝒹ᵤₚₚ VP [R [ᵣₑ𝒹ᵤₚₚ VP [R [VP]]]]]

例（88）显示，关于动词三叠式的生成，RP 之内嵌套了另外的 RP。这种递归性重叠式当然也适用其他语类三叠式的分析。我们用树形图更形象地展示黎语形容词三叠式的句法生成。请看下例：

（89）

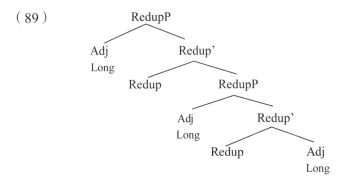

上例显示，中心语 Redup 选择另一个 RedupP 作为补语，以此生成形容词三叠式。

　　在海南闽语万宁话中，我们也发现类似的形容词三叠式，而且非常能产，但凡是单音节形容词基本上都可以构成这样的三叠式，请看下例：

（90）a. 偌其这个西瓜大大大！　　　　　a'. 我掇蜀其一个大大大西瓜。

　　　b. 偌其（这个）咋姞团姑娘靓靓靓！　　b'. 伊娶蜀其一个靓靓靓新娘。

　　　c. 偌其这个芭蕉芳芳芳香！　　　　a'. 伊食蜀其一个芳芳芳香芭蕉。

同样，万宁闽语的这种单音节形容词三叠式不需要结构助词"的"允准，这跟汉语普通话形容词二叠式（如"花红红（*的）"，红红*（的）花）的句法表现很不一样。由此可见，形容词重叠式需要结构助词的允准这一语法属性不具有语言普遍性。汉语普通话形容词重叠式之所以要求结构助词"的"强制出现，可能是别的动因所致。

关于重叠式研究的另一个热点是量词重叠。对于量词重叠的研究，学界一般会从周遍性语义的角度进行分析。周遍性成分是指句子中那些借助一定形式来强调其所指具有周遍意义的成分（李金满，2006），主要有三类，分别是含有任指疑问代词的名词性成分，含有数词"一"的数量短语，量词重叠形式。汉语周遍性量词短语主要有三种形式，分别是量词重叠式"量+量"（CC）、"每+（一）量"和"一+量"短语。如下例所示：

（91）a. 班上的孩子，*个个*都很精神。

　　　b. 班上的孩子，*每一个*都很精神。

　　　c. 一个人都不许进去那个房间。

一般认为，这些周遍性成分需要"都"来允准，若把"都"去掉，上例就会变得不合语法，或者句子意思发生变化，如下例所示：

（92）a. *班上的孩子，*个个*很精神。

　　　b. *班上的孩子，*每一个*很精神。

　　　c. 一个人不许进去那个房间。

"都"被隐去之后，例（92a,b）无法被接受，例（92c）虽然还成立，但意思已经完全发生变化，该句的意思是"进去那个房间需要陪护"。

黎语周遍性成分主要有含有任指疑问代词的名词性成分以及"muis（每）+（数）量"的数量短语。不同于汉语，黎语无法通过量词重叠式来表周遍义，只能采取"muis（每）+（数）量"的短语形式，见下例所示：

（93）*Muis　zuu　lang　buu kaux*　rus　hlen muen.
　　　每　　一　　个　　女孩　　都　　漂亮
　　　"每一个姑娘都漂亮。"

（94）*Muis　lang　hluu wuekk*　rus　hlen muen.
　　　每　　个　　姑娘　　都　　漂亮
　　　"每个姑娘都漂亮。"

（95）*Muis　zuu　lang*　bat　zuu　maux.
　　　每　　一　　个　　拿　　一　　种
　　　"每个人拿一种。"

（96）*Hluu wuekk,　muis　zuu　lang*　rus　hlen muen.
　　　姑娘　　每　　一　　个　　都　　漂亮
　　　"姑娘，每一个都漂亮。"

（97）*Muis   zuu   hom   man   rus   hlen   lax.*

　　　每　　一　　个　　地瓜　都　　好　　吃

　　　"每一个地瓜都好吃。"

除了用 muis（每）之外，还可以用 bhai（全部）来表达，如下例所示：

（98）*Bhai   hluu   o   rus   gieu   qias.*

　　　全部　孩子　学　都　厉害　书

　　　"全部学生都很聪明。"

有意思的是，bhais 还可以重叠，以此增强语气。见下例：

（99）*Bhais   bhais   hluu   o   tuett   kaux   o   qias.*

　　　全部　　全部　　孩子 学　出　　力气　学　书

　　　"全部学生都努力学习。"

（100）*Hluu   o   bhais   bhais   rus   gieu   qias.*

　　　　孩子　学　全部　　全部　　都　厉害　书

　　　　"学生个个都很聪明。"

　　黎语不光是名量词不能重叠，动量词也同样不能重叠，只能用 mui（每）来表达周遍义。如下例所示：

（101）a. *Jimei   <u>hei o</u>   *guett   guett*   rus   fang   dhans.

　　　　　吉妹　　去上学　　次　　次　　都　　晚　　到

　　　　　"吉妹每次去上学都迟到。"

　　　　b. Jimei   <u>hei o</u>   *muis   zuu   guett*   rus   fang   dhans.

　　　　　吉妹　　去上学　　每　　一　　次　　都　　晚　　到

　　　　　"吉妹每次去上学都迟到。"

　　此外，黎语的名词也不能通过重叠表示周遍性语义。由此看来，汉语名词性短语实现周遍义的形式比较多样，黎语名词性短语表达周遍性语义的语法手段显得比较单一。

　　学界一般认为量词语类 CL 具有个体化的句法功能（Iljic，1994；Cheng & Sybesma，1999；郭艳瑜，2013 等）。本研究认为，CL 携带一个[COUNT]的语义特征，对名词进行计数操作，实现名词的可数性。郭艳瑜（2013）认为量词重叠是一个词法上"复量个体化"（multiple-individualize）操作，实现语法意义上的"复量"，即通过多次的个体化来确定整个集合，得到全量解读。词法上产生的量词重叠式 CC 同时携带[复数]、[量化]和[有定]三个语义特征，从而确定"周遍义"。我们认为，重叠式 CC 的周遍义乃全称量化词"都"赋予。"都"通过移位嫁接到 D 上，对 DP 进行全称量化，因此得到周遍义的语义解读。

还有学者关注到量词重叠有分配义的解读，如前述提到，张庆文、邓思颖（Zhang & Tang，2013）为此提出一个承载分配义的句法投射，如例（68）所示，重新列举如下：

（102）

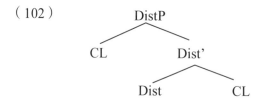

关于重叠式的句法生成，我们认为不该为了具体的语义功能而设定不同的句法投射，这样势必导致句法结构变得越来越繁杂，与理论简约性的追求相悖。我们赞成刘宇明（1996）的观点，所有的重叠式都和"调量"有关。无论是程度加强还是表示周遍义，本质上也离不开"量"。因此，我们认为重叠式皆是重叠式短语的句法投射。至于重叠式的不同句法功能，乃是重叠式短语 RedupP 在不同的功能词的标示语位置所决定。回到量词重叠式上来，量词重叠式也是 Redup 的投射，该短语的周遍义和分配义与"都"算子有关。黎语形容词可以重叠，为何量词不能构成重叠式？这或许只是语言系统中的一个选择，我们暂无法对此做出进一步的解释。

第四节　黎语名+名结构

黎族名词不光受形容词的修饰，还可以受名词修饰，构成名+名短语。在该结构中，位于左边的名词是中心名词，位于右边的名词是修饰名词。这种结构的内部顺序和名+形短语完全一致。如下例所示：

（103）a. aengx　katt

　　　肉　　鸡

　　　"鸡肉"

　　b. tun　hlai

　　　话　黎

　　"黎话"

c. vueng　　duis

骨　　　牛

"牛骨"

d. piek　　katt

翅膀　　鸡

"鸡翅膀"

e. hun　　duis

毛　　　牛

"牛毛"

f. cunx　　duis

尾巴　　牛

"牛尾巴"

那么，以上结构究竟是复合词还是短语？该结构是如何生成的？这是本节要讨论的问题。

　　复合词和短语属于不同的句法单位，必然会有不同的句法特性，因此这些句法特性可以作为判断复合词和短语的标准。常见的判断标准是分解法和扩展法，这在汉语语法研究中有许多讨论。分解法是把定-中结构拆开，如果两部分都是能够独立成词，那么整个结构就是短语；如果有一部分不能独立成词，那么整个结构就是词语。扩展法是考虑两个成分之间能否插入其他成分，就定-中结构来说，考虑的是否能插入结构助词（如汉语"的"）。能够插入结构助词扩展的就是短语，不能插入结构助词扩展的就是词。扩展法还考虑定语与中心语是否可以各自扩展，比如带上其他成分，可以扩展的就是短语，不能扩展的就是复合词。

　　分解法应用起来会遇到问题。一方面由于非语素不能带"的"，也不能被"的"字结构修饰，因此不能分解的定-中结构一定不能扩展，这样一来分解法和扩展法就重叠了。另一方面，并非所有可以分解的定-中结构都能扩展。例如，"白菜"一词可以分解成两个词，分别是"白"和"菜"，但是"白菜"不是"白"和"菜"的意义的简单叠加，所以说"白的菜"并不是"白菜"的拓展。鉴于此，分解法的意义不大，很快就被扩展法取代了。扩展法的标准有两条。一是看拓展后的结构能不能说，例如"彩蝶"可以说，

"彩的蝶"不可以说，因此"彩的蝶"并非"彩蝶"的拓展，"彩蝶"是一个复合词。二是看扩展以后是否维持原有的语义。例如"白布"可以扩展为"白的布"，且基本上原意保持不变，因此"白布"是短语。按照这个标准，"白菜"不是短语，而是复合词（参阅石定栩，2011）。

尽管石定栩（2011）对区别复合词和短语的扩展法做出很详细的论述，但是他其实并不赞成这种判断标准。他认为从句法分析的角度出发，应该以是否带"的"为标准将定-中结构分为两种，由"的"字结构做定语的是短语，而由无"的"字结构做定语的是复合词。但是，这种主张难以解释汉语单音节形容词叠加修饰结构的严格语序限制现象［例（104）］。

（104）a. 大红球/*红大球

b. 大白马/*白大马

上面都是不带"的"的定-中结构，如果都分析为复合词，两个叠加形容词为何还有语序的限制？此外，如果一律把不带"的"的定-中结构视为复合词还会遇到其他的问题。在汉语的领有短语中，"的"有着隐现不定的表现，例如，我们可以说"我弟弟"，也可以说"我的弟弟"。显然，我们难以把"我弟弟"分析为复合词。

鉴于此，我们仍然认为扩展法是区别复合词和短语的有效手段。按照扩展法的标准，我们分析一下黎语名+名结构究竟是复合词还是短语。首先，黎语名+名结构无法插入类似于结构助词。此外，定语与中心语也不能各自扩展。我们把名+名结构和名+形结构对比来看，情况就比较明朗。黎语名+形结构中的形容词可以扩展为重叠式（名+形+形），见下例：

（105）a. veengs　kau

衣服　　白

"白衣服"

b. veengs　kau　kau

衣服　　白　白

"白白的衣服"

（106）a. veengs　tat

衣服　　短

"短衣服"

　　b. veengs　tat　tat

　　　衣服　　短　短

　　　"短短的衣服"

但是，名+名结构中的修饰名词无法再拓展，见下例：

（107）a. piek　　katt

　　　　翅膀　　鸡

　　　　"鸡翅膀"

　　　b. *Piek　katt　katt

　　　　翅膀　　鸡　鸡

（108）a. hun　　duis

　　　　毛　　牛

　　　　"牛毛"

　　　b. *hun　　duis　　duis

　　　　毛　　牛　牛

　　因此，我们认为黎语名+名结构和名+形结构在句法地位上是不同的。名+形是短语，名+名是复合词，两者具有不同的句法生成机制。句法机制有狭义句法（s-syntax）和构词–句法（L-syntax）的分野，前者可以解释句法的推导，后者可以解释复杂语词的推导。黎语名+名结构属于复合词，因此该结构的生成在词库里进行。石定栩（2011）认为复合词可以不必照搬短语生成方式，而是按照自己的规律，以自己的方式生成。他认为简单的做法是采用形式句法的修饰结构①，也就是建立一套词汇生成规则，在短语规则将词条组建成短语之前应用。词汇规则的原料是从词库里挑选出来的成分，包括语素和无法分解的复合词，词汇规则的功能是将这些原料组合成复合词。这种操作如下图所示：

（109）

上图中，动词"修理"嫁接在 N "工"上，生成的不是动词短语 VP，仍然

_____

　　① 在句法操作上修饰成分以嫁接的方式生成。

是 N。因为在词汇层面，还不是短语，因此该结构也不是 NP。从语义上看，"工"是"修理"的施事，但是，题元角色是在狭义句法层面上讲，在构词–句法层面不存在这个问题。复合词的定语还可以更长，例如在"修理"一词还可以受到另外一个名词"汽车"修饰，如下图所示：

（110）

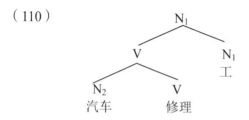

按照这样的句法操作，我们可以把黎语名+名结构刻画如下：

（111）

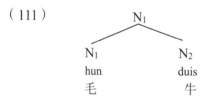

因为是嫁接操作，修饰成分可以左嫁接，也可以右嫁接。因此，不同于名+形结构，上例中的名+名结构不涉及任何移位操作，而是基础生成。复合词生成后，进入狭义句法方能获得短语的句法身份。

如前面所述，在黎语修饰结构中，修饰成分，无论是形容词还是名词都是位于被修饰的核心名词的右侧。然而，黎语中也有名词动用的情况，名源动词作为谓语居于主语的右侧。这样一来，就与 N+N 结构形成一种鲜明的对照结构。如下例所示：

（112）a. ceeng　gans

　　　　花　　草

　　　"草的花"

　　　b. Gans　<u>ceeng</u>

　　　　草　　花

　　　"草开花。"

（113）a. dzuuenm　kai

　　　　蛋　　　鸡

　　　"鸡蛋"

    b. Kai　　dzuuenm

      鸡　　　蛋

      "鸡下蛋"

（114）a. hais　　duis

      屎　　　牛

      "牛粪"

    b. Duis　　hais

      牛　　　屎

      "牛拉大便"

（115）a. dhou　　ba

      屎　　　狗

      "狗的尿"

    b. Ba　　dhou

      狗　　　尿

      "狗拉尿。"

（116）a. hluens　　duis

      瘟　　　　牛

      "牛瘟"

    b. Duis　　hluens

      牛　　　　瘟

      "牛得了瘟疫。"

在上面例子中，a 例全部是 N+N 结构，位于左侧的名词是核心词，受右侧名词修饰；在 b 例中，位于右侧的成分实质上是做动词使用，整个结构是主谓短语。

    词类转换现象是人类语言普遍的现象。词类转换可以分为两类，分别是历时转换和共时转换。历时词类转换指的是一个语词的临时用法通过一段时间的发展逐渐转变为另一词类的语词来使用。共时词类转换指的是属于某一类的语词临时作为另一类语词来使用，也可以指一个语词同时作为两种或者更多词类来使用（Cheng〔程杰〕，2010）。传统汉语研究把临时语类转换称为"词类活用"，把永久的词类转换称为"兼类"。常见的词类转换现象发生在动词、名词和形容词这几类语词之间。我们把名词作为动词使用的这一类动词称为名源动词。黎语名源动词也较为常见，从源名词在名源动词语义结构中所扮演的语义角色，我们把黎语名源动词分类如下：

（117）工具动词

  bhanx cai

  凿   木

  rik pos

  耙   地

  laix dax

  犁   田

（118）施事动词

  Fun bheis.

  雨   了

  "下雨了。"

（119）领有关系动词

  Cai com bheis.

  树   果   了

  "树结果了。"

  Gans ceeng.

  草   花

  "草开花了。"

  Kai dzuuenm.

  鸡   蛋

  "鸡下蛋。"

（120）遭受动词

  Duis hluens.

  牛   瘟

  "牛得瘟疫。"

工具类名源动词和施事类名源动词是借鉴 Clark & Clark（1979）的分类。工具类名源动词指该动词的源名词作为行为的工具使用，如"犁"是耕田的工具，作为工具使用的"犁"作为动词使用，表达"耕田"的事件。黎语中，此类名源动词甚为多见，多数跟农事有关。如上例中 rik（耙）是一种农具，作为动词使用，指"用耙耕田"。施事名源动词指该动词的源名词是事件的施事本身。在我们的语言调查中，此类名源动词甚为少见。我暂且把 fun（雨）归为此类名源动词，理由是 fun 本是事件的施事，此处作为动词使用。"领有关系动词"是我们自行拟定的类型，具体来讲，该类别的名源动词的源名词是施事的被领有者。上例中，源名词 com（果子）本是 cai（树）上的果实，cai 和 com 属于领有关系。此例中，com 作为动词使用，指"结果实"这个事件。因此我们把这一类名源动词称为领有关系名源动词。遭受类名源动词也是我们拟定的类别。此类名源动词的源名词本是某一对象所遭受的事情，如在上例中，hluens（瘟）本是一种疾病，此处作为动词使用，表示"遭受瘟疫之苦"的事件。

前面关于黎语名+名结构的讨论中，我们提出一种比较简单的复合词生成方式，即名+名结构乃是修饰名词以嫁接的方式与中心名词组合，形成名+名结构。这种方案同样适用于黎语名源动词的分析。与名+名结构不同之处在于，名源动词生成操作是源名词嫁接到一个空动词之上，以一个词形的形式出现。这种结构可以刻画为下图：

（121）

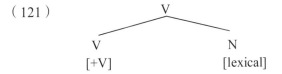

如上图所示，V 只具有词类特征[+V]，没有语音特征和词汇性语义，具有词汇性特征的名词 N 嫁接到 V 之上，V 因此从 N 获得词汇性特征的输入，最终以一个词汇性动词的形式参与到狭义句法的运算中。按照这种，kai dzuuenm（鸡下蛋）中名源动词 dzuuenm（蛋）的生成可以刻画为下图：

（122）

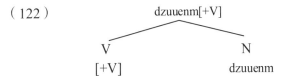

这样的分析有一定的依据，例如汉语中变调（相对源名词而言）名源动词为此提供佐证。

（123）张三在泥[51]墙壁。

（Cheng〔程杰〕，2010：5）

上例的名源动词"泥"读去声（调值 51），而"泥"的源名词读阳平。为何会变调？我们有理由相信，变调是空动词所致。换句话说，此例中，空动词并非完全"空"，它具有一定的语音特征，因此，当带有词汇性特征的名词嫁接到 V 之上，V 迫使融合在一起的形式变调，区别于融合前名词的发音。

前述提到黎语名+名结构和名源动词做谓语的结构形成一种语序上的对照，即修饰名词位于核心名词右侧，而名源动词作为谓语居于主语的右侧。以 dzuuenm kai 和 kai dzuuenm 为例，重新列举如下：

（124）a. dzuuenm　　kai

　　　　蛋　　　　　鸡

　　　　"鸡蛋"

　　　b. Kai　　dzuuenm.

　　　　鸡　　　　　蛋

　　　　"鸡下蛋。"

按照我们的分析，名源动词和名+名修饰结构，皆是复合词的操作使然，即一种嫁接的操作。所不同的是，名源动词是由一个带有词汇性特征的名词嫁接到不带词汇性特征的空动词 V 之上；名+名结构是两个带有词汇性特征的名词的融合，这种句法对比可以表示为下图：

（125）

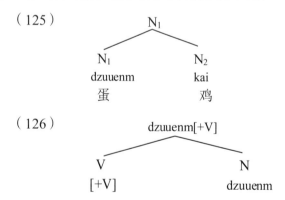

（126）

词库里通过词法上嫁接操作而形成的名源动词，随后进入狭义句法的论元结构，其句法表现跟其他普通动词并无二致。例（126）展示的是名源动词的生成，名源动词构成的整个主谓结构 Kai dzuuenm（鸡下蛋）却是句子层面上的推导，属于动词句法的范畴。鉴于本研究重点关注名词句法，我们对名源动词结构狭义句法推导不再做进一步的讨论。

第五节　黎语名+动结构

在上一节中，我们讨论了黎语名+名结构。我们认为该结构是定-中复合词，不是短语。因此，我们从构词-句法层面对该结构的生成做了刻画。黎语不光有名+名修饰结构，还存在名+动修饰结构，在该结构中，动词居于名词的右侧，起着修饰名词的作用。如下例所示：

（127）a. blungs　gaux

　　　　屋　　　睡

　　　　"卧室"

　　　b. blungs　rok　tax

　　　　屋　　　煮　饭

　　　　"厨房"

黎语名+动结构也无法通过扩展检测，因为我们无法在名+动结构中间插入成分。例如，long（大）、bluuek（小）无法在中间插入，以此修饰 blungs（屋）。见下例：

（128）a. blungs　gaux　long

　　　　屋　　　睡　　大

　　　　"大卧室"

　　　b.*blungs　long　gaux

　　　　屋　　　大　　睡

　　　　"大卧室"

　　　c. hluuek　blungs　gaux

　　　　小　　　屋　　　睡

　　　　"小卧室"

上例中 long（大）只能位于整个名+动结构的最右侧来修饰 blungs gaux（卧室），不能插入两者之间。hluuek（小）是唯一可以位于名词左侧修饰的形容词，如例（128c）所示。尽管 hluuek 能出现在 blungs gaux（卧室）的最左侧，但是修饰的是整个 blungs gaux（屋睡），而不是修饰 blungs（屋）。

值得注意的是，黎语有另外一个表示"小"的形容词 dok，它位于名词右侧，多用来修饰人。据黎语发音人称，相对 bluuek 而言，dok 算是黎话旧词语，现在年轻人很少说。此外，inx 也是表示"小"的形容词，通常用来形容植物，如果不讲究，也可以和 bluuek 混用。

按照上面的讨论，我们认为名+动结构也是通过构词–句法层面的嫁接操作而生成。以 blungs gaux（卧室）为例，该结构的生成如下图所示：

（129）

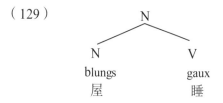

在上图中，动词语素 gaux 左向嫁接名词语素 blungs 之上，生成的仍然是名词 N，即为复合名词 blungs gaux。复合词生成后，进入狭义句法方能获得短语的句法身份。

第六节　黎语关系短语

在第二节，我们讨论了黎语形容词句法结构。我们采纳 Cinque（2010）形容词标示语生成说，认为黎语的形容词基础生成于 DP 内部某一个功能中心语的标示语位置。这种分析方法能解释形容词叠加的严格顺序限制问题。我们将沿用形容词短语的分析方法，对关系从句进行分析。关系从句是名物化功能中心语 Nom 的投射，被名物化的 CP 生成于 Nom 的标示语位置，如下图所示：

（130）

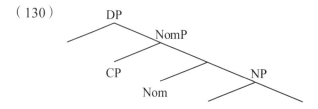

上图显示，名物化功能中心语在 DP 内部投射，介于 DP 和 NP 之间。对于其他的功能的投射，我们暂且省略。

黎语既存在有中心语关系短语，也存在无中心语关系短语（也称自由关系短语）。有中心语关系短语同样可分为前置型和后置型两种。前置型关系短语指关系从句位于中心名词之前的关系短语；后置型关系短语指关系从句位于中心名词之后的关系短语。黎语三种关系短语见下例所示：

（131）Bais　dhes　bhaux　bau　zaux　ba　ghwaen　gins.　（前置型）
　　　　 妈妈　 我　　养　　 猪　 有　 五　　 百　　 斤
　　　　"我妈妈养的那头猪有 500 斤。"

（132）Aeu　faets　vuek　ghas　man　hauus　dhes.　（后置型）
　　　　 人　 正在　 做　　歌　 是　 姐姐　 我
　　　　"正在唱歌的人是我姐姐。"

（133）Neix　guux　bais　dhes　caty.
　　　　 这　　是　 妈妈　 我　 买
　　　　"这是我妈妈买的。"

从上例可看出，黎语关系短语可以没有显性关系化标记。如前述所言，我们把关系从句分析为 DP 内部名物化功能语类的标示语。黎语前置型关系短语可以通过树形图表示如下：

（134）

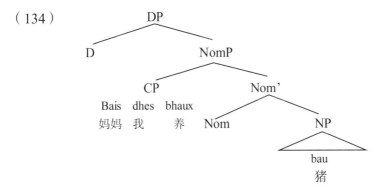

如上图所示，整个关系短语是一个具有指称义的 DP 短语，名物化功能中心语介于 D 和 NP 之间投射，实现 CP 的名物化。但是，D 是一个空语类，我们设想位于 SpecNomP 的 CP 移位至 SpecDP 位置，使 D 得到允准，即满足词汇插入经济原则（见第三章的讨论）。因此，上图的句法结构可以调整如下：

（135）

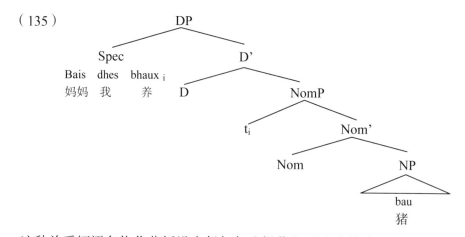

这种关系短语名物化分析没有任何句法操作即可生成恰当语序，避免了嫁接分析和提升分析的繁琐操作。无论是嫁接分析法还是提升分析法都需要解释中心名词和关系从句中的动词之间的关系。嫁接分析借助"同标"（co-index），即中心名词跟位于 SpecCP 的 wh-算子或空算子同标，而算子是从关系从句内部的论元位置或附加语位置挪出的。提升分析认为中心名词本身来源于关系从句内部，通过提升操作移至 SpecDP 位置，因此，中心名词和关系从句内部的语迹有同指关系是自然之事。对关系短语的名物化分析当然也需要回应这个问题。我们认为名物化短语中的 CP，其中的动词选择一个空语类做其补语，它和中心名词并无同指关系。尽管我们在句法结构上不同意刘鸿勇（2020）的名物化分析，但是，对该作所提及的名物化短语语义表达式，我们是赞同的。上面名物化短语的语义表达式可以列举如下：

（136）a. Bais　dhes　bhaux　*bau*　zaux　ba　ghwaen　gins.
　　　　　妈妈　　我　　养　　猪　　有　　五　　百　　斤
　　　　　"我妈妈养的那头猪有 500 斤。"
　　　　　$\lambda P.\iota x[\text{RAISE (Bais dhes, } x) \wedge P(x)]$

　　　b. Bais dhes bhaux〔bau(猪), duis(牛)......〕zaux ba ghwaen gins.
　　　　　$\lambda P.\iota x[\text{PIG }(x) \wedge \text{RAISE (Bais dhes, } x) \wedge P(x)]$

上例显示，名物化短语 Bais dhes bhaux（我妈妈养）在语义上是一个开语句，中心名词 bau（猪）的代入给予该表达式赋值，即限制变量 x。换句话说，Bais dhes bhaux 产生的集合远远大于 bau 产生的集合。通俗地讲，"我妈妈"养的可能有很多不同的家畜，"猪"只是把家畜的范围限制在"猪"

这一类。从这个意义上讲，中心语 bau 与关系从句动词选择的空语类并不具有相同的指称。

明确了黎语前置型关系短语的句法结构，黎语自由关系短语的句法生成就比较明朗了。关于自由关系短语的一个关注点是：自由关系短语和有中心名词的关系短语是否有关联？有观点认为自由关系短语是中心名词省略所致。但这种说法明显存在一些问题。首先，并非所有关系短语的中心语都可以省略，如例（137b）无法被接受。

（137）a. 这是我工作的地方。

　　　b. *这是我工作的。

（温宾利，2001：281）

再者，有些省略会产生无法理解的句子，如例（138b）句中，名词的省略无法得到原句的解读。

（138）a. ［张三写的　诗］很美，［张三写的　散文］也很美。

　　　b. *［张三写的　e］很美，［张三写的　e］也很美。

（温宾利，2001：281）

最后，省略的成分应该可以还原，但下例中，被假定省略了的名词是无法还原的。

（139）a. ［我们需要的　e］是人，而不是资金。

　　　b. ［我们需要的　*人 /?*东西］是人，而不是资金。

（温宾利，2001：281）

鉴于上面的例证，温宾利（2001）认为在汉语自由关系短语中"的"之后不是省略成分，而是一个空语类。按照自由关系短语空语类的设想，我们把黎语自由关系短语的句法刻画如下：

（140）

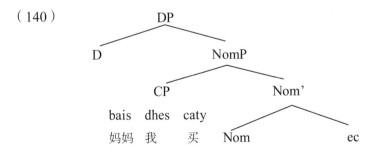

同样，位于 NomP 标示语的 CP 移位至 DP 的标示语位置，使 D 得到允准，

即满足词汇插入经济原则。在此暂且省去这个移位句法操作的图示。

黎语有中心语关系短语有前置型和后置型两种，这并非黎语独有的现象，在其他一些少数民族语言里也有同样的发现。请看腊罗彝语的例子（刘鸿勇，2020：210—211）：

（141）a. [mu^{31} ka^{33} hõ^{55} ta^{31} a^{55}] a^{55}vi^{31} （前置型）

　　　　木　嘎　喂　助词　名物化　猪

　　　　"木嘎喂的猪"

　　　b. a^{55}vi^{31} [mu^{31} ka^{33} hõ^{55} ta^{31} a^{55}] （后置型）

　　　　猪　木　嘎　喂　助词　名物化

　　　　"木嘎喂的猪"

刘鸿勇（2020）对腊罗彝语前置型和后置型两种类型关系短语采取两种截然不同的句法分析。对于前置型关系短语，名物化标记占据 C 的位置，关系从句是一个体貌短语 AspP，是 C 的补语。整个 CP 修饰中心名词，合并成一个 NP，NP 被 D 选择，合并成一个 DP。对于后置型关系从句，名物化占据 D 的位置，关系从句同样是一个体貌短语 AspP，做 D 的补语，中心名词短语位于 D 的标示语位置。标示语和补语皆位于 D 的左侧。在刘鸿勇（2020）的分析中，无论是前置型关系短语还是后置型关系短语的分析，整个短语都是一个中心语在后的结构。

我们认为刘鸿勇（2020）的分析没有形成一个统一的句法分析框架，从句法普遍性的追求角度看，这可能不是一个最优的分析方案。我们尝试对黎语关系短语提出一个具有普遍性的、简约的分析方案。我们把黎语后置型关系短语重新列举如下：

（142）*Aeu　faets　vuek　ghas*　man　hauus　dhes.　（后置型）

　　　　人　正在　做　歌　是　姐姐　我

　　　　"正在唱歌的人是我姐姐。"

上例中，aeu（人）有一种凸显的解读，即说话人把要谈论的对象限制在"人"的范围内，关系从句 faets vuek ghas（正在唱歌）对 aeu 施加一种强调和确认。aeu 和位于其后的关系从句显然有一种相关性，因此我们有理由认为，aeu 位于话题结构内，属于一种相关性话题。我们设想在此情形下，DP 分裂为 D$_{Top}$P 和 D$_{Foc}$P。在句法操作上，基础生成于名物化短语补语位置的 NP 向 D$_{Top}$ 的标示语位置，从而实现名词性短语内部的话题信息。基础生成于名物化短语标示语位置的 CP 移至 D_{Foc} 的标示语位置，实现名词性短语内部的焦点信息。我们把这种移位操作用树形图表示如下：

（143）

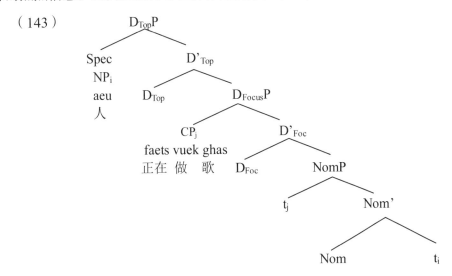

上图显示，DP 分裂分解出一个话题结构以及一个焦点结构。在第三章，我们从与 CP 类比的角度设想了 DP 分裂的可能性。CP 可以分裂出话题和焦点结构来［例（144）］，按照这样的类比，设想 DP 分裂出话题和焦点结构是完全可能的。

（144）CP ＞ 话题* ＞ 焦点 ＞ 话题* ＞ IP

前述关系短语不含显性名物化标记，实际上，黎语关系短语也存在一个显性的名物化标记 as，它把一个动词短语变成一个名词性短语，如下例所示：

（145）a. dhes　　as　　bat

　　　　我　　名物化　拿

　　　　"我拿的"

　　　b. *dhes　　as　　tax

　　　　我　　名物化　饭

　　　　"我的饭"

　　　c. *tax　　as　　dhes

　　　　饭　　名物化　我

　　　　"我的饭"

d. tax　　dhe

　　饭　　　我

　　"我的饭"

例（145a）中 as 把动词 bat 变为名词性，随后和 dhes 构成一种领有关系，所以我们认为 as 是名物化标记。例（145b）不合语法乃是因为 tax 是名词，无需再进行名物化操作；例（145c）也不合语法显示 as 并非领有标记，无法构成领有短语。黎语领有短语可以不带任何标记［例（145d）］。就此而言，我们认为 as 是黎语的名物化标记①。带有显性名物化标记的关系短语可以表示为下例：

（146）*Aeu　　as　　faets　vuek　ghas*　man　hauus　dhes.（前置型）

　　　人　名物化　正在　做　歌　是　姐姐　我

　　　"正在唱歌的人是我姐姐。"

当显性名物化标记出现时，名物化中心语向上提升，移至 D_{Foc}；NP 移位至 D_{Top} 的标示语位置，生成后置型关系短语序列。请看下图：

（147）

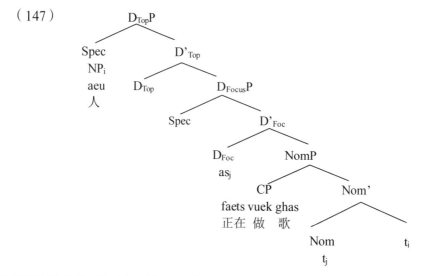

不同于后置型关系短语，前置型关系短语没有凸显话题和焦点结构的语义解读，因此在该结构中，D 没有分裂投射，如例（135）所示，重新列举如下：

---

① 例（145a）的名物化和汉语名物化结构略有不同，该例并非指"我的拿"，这不同于汉语的名物化结构"这本书的出版"。

（148）

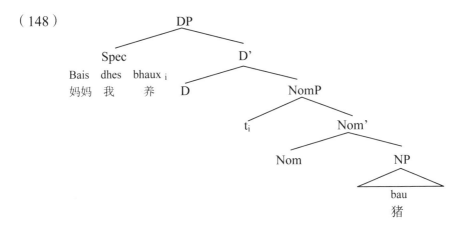

但是，前置型关系短语通常不需要显性名物化标记 as，带 as 的前置型关系短语可接受性不高［例（149）］。

（149）??Bais　dhes　bhaux　as　　bau
　　　　妈妈　我　　养　名物化　猪
　　　　"我妈妈养的猪。"

整体而言，在黎语关系短语中，前置型关系短语属弱势语序，后置型关系短语才是强势语序（张雷，2010）。从语言类型学的角度来说，黎语关系短语的这一特点具有普遍性。事实上，在大多数的 VO 语言中，关系从句都后置于核心名词。汉语反倒是属于极少数的关系从句前置于核心名词的 VO 语言，是一种特例（刘丹青，2008）。

前述我们讨论了作为名物化标记 as，它还可以对形容词进行名物化。请看下例：

（150）a. As　　long　guux　meuu,　as　　inx　guux　dhes.
　　　　　名物化　大　是　　你　名物化　小　是　我
　　　　　"大的是你的，小的是我的。"

　　　　b. As　　baen　guux　hauus,　as　　maen　guux　ghueng.
　　　　　名物化　新的　是　　姐姐　名物化　旧　是　　妹妹
　　　　　"新的是姐姐的，旧的是妹妹的。"

as 还可以和形容词重叠式组合，见下例：

（151）Dhes　dheuu　as　　long　long,　da　dheuu　as　　inx　inx.
　　　　我　　要　名物化　大　大，　不　要　名物化　小　小
　　　　"我要大大的，不要小小的。"

在上例名物化短语中，名物化标记位于形容词左侧，语序同后置型关系短语一致。实质上，这种短语也是一种自由关系从句，该短语的形容词本质上是一个小句。as+形容词重叠式关系短语还可以携带显性的核心名词，构成"名词+as+形容词重叠式"［例（152）］。之所以把这个短语分析为关系从句，而不是简单名词短语，是因为黎语普通形容词修饰的名词短语并不需要结构助词［见例（153）］，而在上面的讨论中，我们论述了 as 是典型的关系化标记，不是汉语"的"一类的结构助词。

（152）Dhes　　dheuu　　<u>zuu loengs</u>　　as　　　long　　long.

　　　　我　　　要　　　槟榔　　　名物化　　大　　大

　　　　"我要大大的槟榔。"

（153）a. kous　　lok

　　　　裤子　　黑

　　　　"黑裤子"

　　　　b. zuu　　hom　　blungs　　long　　long

　　　　一　　　间　　　房子　　　大　　大

　　　　"一间大大的房子"

第七节　本章小结

本章秉承制图句法的理念，主要分析了黎语形容词短语和关系短语。按照制图句法的理念，我们认为黎语形容词基础生成于 NP 之上的某一功能词的标示语位置。黎语和英语、汉语等其他语言一样，形容词叠加结构也一样遵循严格的语序。标示语分析法可以解释形容词叠加的严格语序。黎语形容词短语基本语序是 NA，即形容词位于名词之后。我们不主张一种语言同时存在中心语在前和中心语在后两种参数设置，因为这违背 UG 和参数设置的原则，加剧了儿童语言习得的难度。黎语是中心语在前的语言，因此，我们认为黎语形容词短语的基础生成语序是 AN。鉴于此，我们坚持移位说，以此解释黎语形容词短语 NA 的句法生成。与 Cinque（1999）的主张不同，我们认为 NP 的移位跨越形容词所在的中心位置，移至上一个中心语的标示语。

　　重叠式是人类语言一个普遍的语法现象，但是并非所有的词类都可以重叠，在黎语名词性短语中，只有形容词才可以构成重叠式。我们提出功能中心语 Redup 的句法投射，其句法动因是实现"调量"，以此解释形容词重叠式的生成。做定语的形容词重叠式和形容词单式一样，生成于 NP 之上某一功能中心语的标示语位置；做谓语的形容词重叠式生成于 TP 辖域内。此外，我们还讨论了黎语形容词三叠式，这种三叠式和学界迄今所关注到的三叠式截然不同，鲜有学者对其进行讨论。

　　对于黎语关系从句短语的分析，我们沿用形容词短语的分析方法。按照同一分析思路，黎语关系从句基础生成于 NP 之上的功能语类的标示语位置，我们认为这一功能中心语实际上是名物化功能中心语 Nom，被名物化的 CP 生成于 Nom 的标示语位置，与核心名词短语 NP 构成关系短语。换言之，关系短语本质上是一个名物化短语。黎语中有一个显性的关系化标记 as，但不甚能产，只有在自由关系从句，特别是形容词谓语关系从句中才比较常用。黎语既存在有中心语关系短语，也存在无中心语关系短语。对于前置型关系短语，我们同样坚持 NP 移位说，具体说来，名词短语 NP 移至 DP 的标示语位置。在 Nom 中心语为显性名物化标记的前置型关系短语中，我们认为 Nom 向 D_{Foc} 提升，从而生成恰当的语序。

第五章　黎语内涵式和外延式混合名词性短语句法分析

在上一章，我们讨论了黎语内涵式名词性短语的句法，主要关注形容词和关系短语。但是，名词性短语是一个复杂的句法实体，内涵式和外延式成分通常可以一起出现在名词性短语中，构成一种混合短语。此外，形容词短语和关系短语混合出现构成更为复杂的名词性短语。在本章，我们讨论这些混合短语及其组合规律。

第一节　关系短语和外延式短语的混合短语

在关系短语的研究中，学者们发现，语言中并非只有某一种固定的关系化标记，多种语类可以兼做关系化标记（刘丹青，2005；刘鸿勇，2020）。其中，指示代词充当关系化标记的现象较为多见。例如，在北京口语中，指示代词"这"和"那"可以兼做某些定语标记，包括关系从句的标记，如下例（刘丹青，2005：4）所示：

（1）我这书/小王那朋友

（2）*刚才我看这《小家碧玉》不是全本都写好了吗？*（邓友梅《那五》）例（1）中"这"和"那"当然还保留指示代词的指称作用，但是它们在该结构中不能省略，省略指示代词后的"*我书""*小王朋友"不合语法。例（2）中"刚才我看这《小家碧玉》"是关系从句加中心名词的短语，"这"起到关系化标记的作用。刘鸿勇（2020：231）也讨论了宁波话中性指示词"该"（这）充当关系化标记的用法，如下例所示：

（3）渠来唱这歌我也会唱。

"他正在唱的这首歌我也会唱。"

广州话有两个指示代词，分别是"呢"（这）和"嗰"（那），都可以充当关系化标记[1]使用，见下例（刘鸿勇，2020：227）：

（4）区委发落来嗰份档去咗边啊？

"区委发下来的那份文档去哪了？"

在海南闽语中，专属的关系化标记并不常见，指示代词兼做关系化标记的现象也能见到。如下例所示：

（5）我母买许只_{那只}鸭旦顾_{那么}好食。　（万宁话）

"我妈妈买的那只鸭子非常好吃。"

在上例中，关系从句中的动词"买"在音系上发生一定的音变[2]，但是，在一般的主谓短语中，同样是位于"那"之前的动词并不发生音变。我们可以把两种结构对比如下：

（6）a. 我母买许只_{那只}鸭旦顾_{那么}好食。　（万宁话）

　　b. 我母买许只_{那只}鸭，不买偌只_{这只}。

"我妈妈买那只鸭，不买这只。"

因此，有理由认为，两例中的"买"发音的不同跟"许"有关，换言之，两例中"许"不是同样的功能词。例（6a）中的"许"是关系化标记，例（6b）中的"许"是指示代词的用法。

由此可见，指示代词充当关系化标记在语言中是较为普遍的现象。黎语中指示代词兼做关系化标记的现象也比较常见。请看下例：

（7）a. Taeix　lau cex　hauux　zuu　lang　o dex　ghoux　heei.
　　　打　　老师　　那　　一　　个　　学生　　跑　　了

"打老师的那一个学生跑了。"

　　b. Bais　geeng　hauux　zuu　waeu　bheuu cai　reek　lax.
　　　妈妈　炒　　那　　一　　盘　　菜　　坏　　吃

"妈妈炒的那一盘菜不好吃。"

黎语中，指示代词通常位于数+量+名的右侧，但在上例中，指示代词位于数+量+名左侧，我们有理由认为，hauux（那）和关系从句构成一个句法实

---

[1] 刘鸿勇（2020）认为是指量短语做关系化标记，我们认为作为关系化标记的只有指示代词。

[2] 作者作为海南闽语母语者的语感，也向老乡求证过。

体。在上一节中，我提到在黎语前置型关系短语中，关系化标记 as 的使用可接受性比较低。这或许可以说明在前置型关系短语中，指示代词较之 as 是一种更具优势的关系化标记。如在下例中，我们把 as 替换为指示代词 hauux，整个表达显得比较自然［例（8b）］。

（8）a. ??bais　dhes　bhaux　as　　bau
　　　　妈妈　我　养　名物化　猪
　　　　"我妈妈养的猪。"

　　b. bais　dhes　bhaux　hauux　bau
　　　　妈妈　我　养　那　猪
　　　　"我妈妈养的猪。"

如果黎语指示代词是关系化标记，在我们关系短语名物化的分析框架中，指示代词生成于名物化中心语的位置。整个结构如下图所示：

（9）

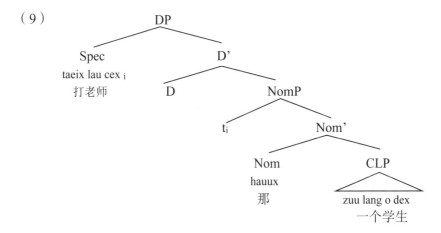

如上图所示，指示代词 hauux 基础生成于名物化中心语位置，标示语位置的 CP taeix lau cex 移至 DP 的标示语，从而允准 D 的投射。

　　功能词兼类现象在语言中是比较普遍的。不光指示代词可以兼做关系化标记，量词也有兼做关系化标记的用法，这种现象在吴语、粤语以及海南闽语等汉语南方方言中比较常见。请看下面各例（刘丹青，2005：7，10）：

（10）a. 俚买本书好看。　　（苏州话）
　　　　　"他买的那本书好看。"

　　b. 俚买点书好看。
　　　　　"他买的那些书好看。"

（11）a. 我写咗封信好长嘅。　（粤语）

　　　　"我写了的那封信很长。"

　　b. 佢写啲嘢有冇用㗎。

　　　　"你写的那些东西有没有用处啊？"

刘丹青（2005）指出，兼用为关系从句标记的功能词都与其位于关系从句和核心名词之间的中介位置有关，是语法化中常见的结构义吸收现象。

如前述所言，相比前置型关系短语，后置型关系短语才是黎语强势结构。接下来，我们讨论后置型混合关系短语。先看下例：

（12）Zuu　zuen　aeu　hauux　as　faets　vuek　ghas　man　hauus　dhes.
　　　一　　个　　人　　那　名物化　正在　做　　歌　　是　　姐姐　　我
　　　"正在唱歌的那个人是我姐姐。"

观察上例可知，关系短语的核心名词性短语是一个完整的 DP 短语 zuu zuen aeu hauux（那一个人），换言之，从句出现在整个 DP 的外部，因此，我们认为名物化短语发生在 DP 之上，而不是 DP 的内部。用树形图表示如下：

（13）

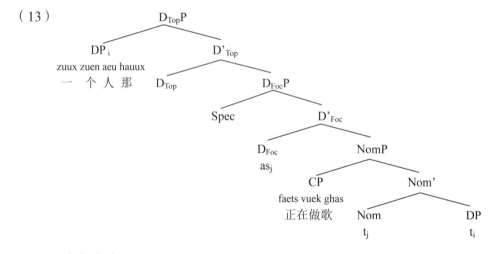

上图显示，名物化中心语选择一个 DP 作为补语。名物化短语之上同样存在 D 的分裂投射。NomP 内部的 DP 移至 NomP 之上的 D_{Top} 的标示语位置，从而允准 D_{Top} 的投射。Nom 中心语 as 移至 D_{Foc}，允准 DP 内部的焦点投射。

第二节　形容词和外延式短语的混合短语

在汉语中，形容词和外延式短语的组合形式比较多样，具体说来，形容词既可以出现在指示短语的内部，也可以出现在指示短语的外部。如下例所示：

（14）a. 那一件红色的上衣

　　　b. 红色的那一件上衣

相比较汉语，黎语形容词和外延式短语的组合方式有一定限制，无法构成多样的结构，见下例：

（15）a. *Hauux　zuu　hyax　kous　ghaens*　cuengs　heei.

　　　　那　　一　　条　　裤　　红色　　破　　了

　　　　"那条红色的裤子破了。"

　　　b. **As　ghaens　hauux　zuu　hyax　kous*　cuengs　heei.

　　　　红　　的　　那　　一　　条　　裤　　破　　了

　　　　"红色的那条裤子破了。"

　　　c. *Hauux　bhui　qias　ghaens*　<u>hleny dzueis</u>　dhat.

　　　　那　　本　　书　　红色　　好　　看　　很

　　　　"那本红色的书很好看。"

　　　d. **As ghaens　hauux　bhui　qias*　<u>hleny dzueis</u>　dhat.

　　　　红的　　那　　本　　书　　好　　看　　很

　　　　"红色的那本书很好看。"

上例显示，黎语形容词短语只能出现在 DP 的内部［例（15a,c）］，无法位于 DP 之外修饰整个名词性短语［例（15b,d）］。特别要说明的是，例（15a,c）中指示代词"hauux"完全可以后置，因为黎语中指示代词后置才是显赫的语序，但是，指示代词前置短语在很多情况下也能被接受。但是，发音人称，在这种复杂的名词性短语中，指示代词前置反而是比较自然的。反观汉语，形容词短语和指示代词的组合没有黎语那样的限制［见例（14）］。汉语的形容词还可以介于数+量之间，起到修饰量词的作用，黎语也没有这样的短语（见下例）。

（16）a. 一大筐地瓜

　　　b. 一筐大地瓜

（17）a. 一大张桌子

    b. 一张大桌子

（18）a. *zuu   long   kieng   man

       一   大   筐   地瓜

    b. zuu   kieng   man   long

       一   筐   地瓜   大

（19）a. *zuu   hom   long   co

       一   张   大   桌子

    b. zuu   hom   co   long

       一   张   桌子   大

 在例（16a）汉语的例子中，量词位于数词和名词之间，得到修饰量词"筐"的解读，即：筐比较大，至于例（17a），也同样强调量词"张"，只是，"张"相比"筐"，不具有词汇性语义，因此无法得到"张"很大的解读。然而，在黎话的例子中，形容词不能位于数词和名词之间，只能位于名词右侧，得到的是修饰名词的语义解读。如例（18b）表达"那一筐地瓜，个个都很大"。形容词既不能介于数词和量词之间［例（18a）］，也不能出现在量词的右侧，介于量词和名词中间［例（19a）］。从以上讨论可以看出，相对于汉语形容词，黎语形容词无法修饰量词，其语义功能不如汉语丰富。

第三节　关系短语和形容词短语的混合短语

 在第四章，我们采用制图理论分析方法，把形容词分析为介于 D 和 NP 之间的功能投射的标示语。形容词标示语的分析方法最重要的一个动因是能解释形容词的严格顺序限制问题，即叠加形容词的顺序不能随意更换，否则会导致表达式不合语法。在此基础上，我们把标示语分析运用到关系短语的讨论中，即认为关系从句也是生成于功能中心语的标示语位置。在语言中，关系短语和形容词短语可以一起出现，和名词短语 NP 一道构成更为复杂的混合式名词性短语。黎语也不例外，在本节，我们探讨黎语关系短语和形容词短语混合短语的句法。请看下例：

（20）a. *As ghaens hauux zuu hyax kous dhes naeus caty* cuengs heei.

　　　红色　　那　　一　条　裤　我　刚　买　破　了

　　"红色的那条我刚买的裤子破了。"

　　b. *Na naeus caty zuu ban duis long long hauux* hwan neix hlaeux heei.

　　　他　刚　买　一　头　牛　大　大　那　今　天　死　了

　　"那头他刚买的大大的水牛今天死了。"

　　c. *Zuu hyax kous dhes naeus caty ghaens ghaens hauux* cuengs heei.

　　　一　条　裤　我　刚　买　红　红　那　破　了

　　"那条我刚买的红色的裤子破了。"

　　d. *Zuu ban duis long long na naeus caty hauux*

　　　一　头　牛　大　大　他　刚　买　那

　　hwan neix　hlaeux　heei.

　　今　天　　死　　了

　　"那头大大的他刚买的水牛今天死了。"

　　以上例子显示，黎语关系从句和形容词无法在毗邻的位置出现，构成复杂的名词性短语［见例（20c,d）］，关系从句和形容词只能各自位于核心名词的一侧［见例（20a,b）］。然而在汉语中，关系从句和形容词短语没有这样的限制，如下例所示：

（21）a. 那条红色的我刚买的裤子破了。

　　b. 那条我刚买的红色的裤子破了。

　　c. 那头他刚买的大大的水牛今天死了。

　　d. 那头大大的他刚买的水牛今天死了。

上例显示，汉语关系从句和形容词在名词性短语中可以毗邻出现，且语序灵活多样。我们认为，黎语关系从句和形容词在语序上的限制，可能跟黎语缺乏结构助词有很大关系。

第四节　本章小结

　　本章讨论黎语内涵式和外延式成分构成的混合复杂名词性短语，探讨混合短语的组合规律。我们发现，黎语指示代词在前置型关系短语中可以兼做关系化标记，位于数+量+名的左侧，和关系从句构成一个句法实体。在前置型关系短语中，指示代词较之黎语关系化标记 as，是一种更具优势的关系化标记。黎语形容词和外延式短语的组合方式有一定的限制，黎语形容词短语只能出现在 DP 内部，无法位于 DP 之外修饰整个名词性短语。然而，汉语形容词短语和指示代词的组合没有黎语那样的限制。此外，黎语形容词无法修饰量词，其修饰功能远不如汉语丰富。对黎语关系从句和形容词混合短语的观察，我们发现两者无法在毗邻的位置出现，这种限制或许跟黎语缺乏结构助词有很大关系。

第六章 结语

黎语自 19 世纪末就得到一些学者的关注，并在 20 世纪中叶开始得到少数民族语言研究专家的重视。但是，迄今还未有学者从形式句法学的角度系统研究黎语。本研究提出一个名词性短语形式句法理论方案，系统考察黎语名词性短语，研究囊括指示代词短语、数量名短语、领有短语、量名短语、光杆名词短语、黎语名词复数标记、双重量词短语、形容词短语、关系短语、名词动用短语，以及内涵式和外延式定语混合短语等。

第一节 名词性短语形式句法理论

本研究在 DP 分析模式的框架内，探讨光杆名词语义，DP 指称问题，以及 DP 内部句法结构，提出一个名词性短语形式句法理论分析方案。

光杆名词语义问题是名词性短语研究的一个重要基石，因为所有名词性短语皆是光杆名词的句法拓展。对光杆名词的语义，学界主要有两种主张：一是类指分析，二是属性分析。前者认为光杆名词默认指谓种类，另一种主张认为光杆名词默认指谓属性。对语言事实的进一步考察和讨论显示，属性分析比类指分析更具合理性。但是，我们的主张跟属性分析以往的观点略为不同，我们认为指谓属性的是光杆根名词，即不区分单复数的名词。可数名词和物质名词不是在词汇层面上的分野，而是句法操作使然。句法上量词 CL 的投射产生可计数单位，满足计数条件，从而实现名词的计数，如下图所示：

（1）

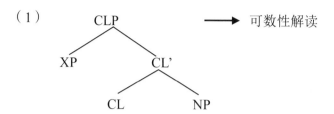

反之，根名词被另一个中心语 F_{mass}（物质名词解读的功能中心语）选择，则得到物质名词的语义解读，如下图所示：

（2）

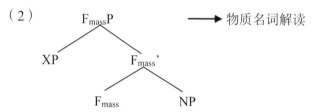

在此基础上，我们提出 CL 特征分解分析模型。[COUNT]是 CL 强制性固有特征，该特征驱使 CL 实施计数操作，使名词具有可数性。此外，CL 还携带两个选择性特征，分别是[Num(ber)]和[Cla(ssification)]特征。前者对应于英语一类语言的复数标记，后者对应于汉语一类语言量词的分类功能。CL 要么选择[Num]特征，要么选择[Cla]特征。这种分析得到跨语言的支持，具有较好的解释力。

指称涉及语词与世界之间的关系，是语言哲学上的一个重要论题，乔姆斯基多次对指称问题阐明他的思想。指称当然也是语言分析的一个重要概念，本研究的另一个重要论题就是 DP 指称问题。Abney（1987）提出的 DP 假说很好地诠释了名词性短语和动词性短语的平行关系，后续的名词性短语分析基本上都在 DP 框架下进行。但是，关于中心语 D 节点的语义功能问题，学界并没有一个统一的认识。指称问题涉及有定、无定、有指、无指以及类指等多个语义概念。我们把 D 视为指称性的句法节点，凡是在现实中或在话语域内指涉某一对象的名词性短语都具有指称性，都是 D 的句法投射。我们把名词性短语的指称性定义如下：

（3）一个名词性短语具有指称性当该短语的指称（referent）被预设存在于某一特定的论域中。

李艳惠（Li，1998）意义上的数量短语 NumP 不预设任何个体，因此被排除在指称性短语之外。凡是指称任何个体的名词性短语皆是指称性短语。

充当论元的名词性短语，一定是 D 的投射 DP。换言之，没有 D 投射的名词性短语只是指谓属性的名词短语 NP，或者是数量短语 NumP。类指短语同样具有指称性，因为它指谓特殊的"个体"（Carlson，1977b）。类指义是 DP 在限定域受到类指算子 Gen 约束所致。对有定和有指的语义解读，我们给出新的定义如下：

（4）有定名词性短语是要么满足可辨别性条件，要么满足包含性条件或同时满足二者的指称性短语。

（5）一个名词性短语是有指的，当它同时满足以下条件：

1）具有指称性；

2）说话者指涉某一特定的指称物。

基于以上的概念，我们做出以下的概括：

（6）每一个有定短语都应该是有指的，反过来不成立；

每一个有指短语都应该是指称性的，反过来不成立。

这种论断可以表示为如下图示：

（7）有定→有指→指称性

上面图示清晰表示了指称、有定和有指三个概念的蕴含关系，它们都在句法节点 D 上面实现。其中，指称义处在蕴含式的最低位置，是最基本的语义解读。

我们沿用对量词的分析思路，提出 D 特征分解分析模型，以此解释 D 的不同指称。我们主张 D 具有一个强制性固有特征[Ref(erential)]（指称性），[I.know]和[Y.know]是 D 的两个可选择性特征。[I.know]特征被定义为：说话者知道哪一个 x，x 具有某种属性。[Y.know]特征被定义为：说话者预设听话者知道哪一个 x，x 具有某种属性。固有特征[Ref]决定 D 的投射，如果没有[Ref]，D 就不会投射。当 D 同时带有[I.know]和[Y.know]两个可选择性特征，D 就得到有定的解读；当 D 带有[I.know]和[Y.know]中的任何一个特征，D 就得到有指的解读。如果[I.know]和[Y.know]两个特征都不被 D 选择，D 就只是一个具有指称义的功能中心语。

此外，我们讨论 DP 内部语序问题，为黎语名词性短语分析提供一套可借鉴的分析方法。DP 内部结构丰富且复杂，至少涉及限定词（冠词、指示代词）、数词、量词、形容词、名词以及关系从句等范畴。我们同意 Simpson（2005）、Cheng & Sybesma（1999）等研究的观点，认为 DP 内部语序的迥异是 DP 内部补语移位和中心语移位所致。为了解决补语移位和中心语移位动机问题，我们采纳 Dimitrova & Giusti（1998）的词汇插入经济原则：

（8）词汇插入经济原则（PELI）

　　一个功能投射必须得到允准，可以通过

　　　　a. 使其标示语可见，并且/或者

　　　　b. 使其中心语可见。

按照 PELI 的要求，一个功能投射要得到允准，要么使其中心语得到词汇的填充，要么使其标示语得到词汇的填充。但是，如果对此不加以限制，可能会生成不合语法的语序。为了避免这种情况，我们还提出以下限制条件：

（9）移位有限原则

　　　　对于两个不受词汇管辖的中心语 α 和 β，α 位于 β 之上，且 α 为空语类，β 移位至 α 当且仅当 β 的标示语 γ 同样为空，否则 γ 移位至 α 的标示语。

以上原则要求最大投射的移位总是优先于中心语的移位。

第二节　黎语名词性短语句法分析

为了方便讨论，我们采用刘丹青（2008）对名词性短语定语的分类，即内涵定语和外延定语，把黎语名词性短语分为两大类：分别是内涵式名词性短语和外延式名词性短语。内涵定语指名词性短语中心名词的修饰成分，包括形容词、关系从句；外延定语指涉及名词性短语指称、量化属性的成分，包括指示代词、量词、量化词、数词等成分。当然，从形式句法学的角度来看，外延定语本质上并非名词的修饰成分，而是功能语类中心语的投射。

在内涵式名词性短语方面，我们主要讨论了黎语形容词短语和关系短语，重点关注形容词和名词的句法关系以及关系短语的句法生成。此外，我们还考察了形容词重叠式、名词修饰名词、动词修饰名词等短语。在外延式名词性短语方面，我们重点考察了黎语指示代词短语、数量名短语、领有短语、量名短语、光杆名词短语、复数标记 kun 以及双重量词短语等句法结构。我们还考察了黎语内涵式和外延式混合名词性短语。

黎语是 SVO 型语言，属于典型的中心语在前语言，但是，黎语名词性短语表现出中心语在后的句法属性，即黎语指示代词出现在名词性短语右边缘位置。我们不主张一种语言同时存在中心语在前和中心语在后两种参数设置，因为这违背 UG 和参数设置的原则，加剧了儿童语言习得的难度。鉴于此，我们坚持移位说的假设，以此解释黎语指示代词位于名词性短语右边缘的句法表现。黎语名词性短语内部句法移位的分析致使我们提出 DP 分裂说：D 分裂为 D_{Ref} 和 D_{Foc}，D_{Ref} 仍然是指称的节点，D_{Foc} 的语义功能是强调和确认，是一种焦点结构。当 D_{Ref} 和 D_{Foc} 分裂投射时，[I.know]和[Y.know]都在 D_{Foc} 上实现，D_{Ref} 只携带[Ref]的特征。位于 D_{Foc} 补语位置的数+量+名短语移位至 D_{Ref} 的标示语位置，使 D_{Ref} 的投射可见，从而生成数+量+名+指短语。黎语数+量+名短语的语义比较丰富，除了无定解读，还有类指和数量义的解读。黎语无定数+量+名短语同样分为两种，一种是有指，一种是无指，但都是 DP 投射。前者的语义是因为 D 携带了[I.know]和[Y.know]其中一个特征，后者的语义是因为 D 不携带两个特征中的任何一个。黎语类指数+量+名短语和无定数+量+名短语一样，基础生成在 D 的标示语位置，DP 在 TP 域受到 Gen-算子操作而获得类指义。关于黎语数+量+名短语数量义解读，我们认为这是 M-算子对数+量+名短语进行语义操作所致。

黎语是一种缺乏结构助词的语言，因此黎语领有短语表现出和汉语不同的句法属性。黎语无论量+名短语还是光杆名词短语都存在有定解的用法。我们采纳中心语移位说来解释有定量+名短语和有定光杆名词短语。在有定量名短语中，量词 CL 向限定词 D 位置移位，对于有定光杆名词短语，我们认为中心名词 N 首先移至 CL，接着继续向 D 移位。对黎语名词复数标记 kun 的分析发现，kun 并不是真正意义上的复数标记，它的主要功能是标示有定性，起到强调和确认的语义功能。黎语双重量词短语本质上是一种分割短语 PartP，即中心语 Part 选择一个 DP（CLP 是其补语）生成 PartP，量词选择 PartP 再次进行语义分割，形成另一个 CLP，随后 CLP 被另外的 D 选择，从而形成上一层 DP。双重量词短语很好展示了句法规则的递归性。

在黎语内涵式名词性短语方面，我们秉承制图句法理念，主要分析了黎语形容词短语和关系短语。按照制图句法的理念，我们认为黎语形容词基础生成于 NP 之上的某一功能词的标示语位置。黎语和英语、汉语等其他语言一样，形容词重叠式也一样遵循严格的语序。标示语分析法可以解释形容词叠加的严格语序，黎语形容词短语的最主要语序是 N+A，即形容词位于名词之后。黎语是中心语在前的语言，因此，我们认为黎语形容词短语的基础生成语序是 A+N，N+A 乃句法移位所致。与 Cinque（1999）的主张不同，我们认为移位的是 NP，不是 N，NP 跨越形容词所在的中心位置，移至上一个中心语的标示语。

重叠式是人类语言一个普遍的语法现象，但是，并非所有的词类都可以重叠，在黎语名词性短语中，只有形容词才可以构成重叠式。我们提出功能中心语 Redup 的句法投射，其句法动因是实现"调量"，以此解释形容词重叠式的生成。做定语的形容词重叠式和形容词单式一样，生成于 NP 之上某一功能中心语的标示语位置；做谓语的形容词重叠式生成于 IP 辖域内。我们还讨论了黎语形容词三叠式，这种三叠式和学界迄今所关注和讨论的三叠式有本质上不同，鲜有学者对其进行讨论。

对于黎语关系短语的分析，我们沿用形容词短语的分析方法。按照同一分析思路，黎语关系从句基础生成于 NP 之上的功能语类的标示语位置，我们认为这一功能中心语实际上是名物化功能中心语 Nom，被名物化的 CP 生成于 Nom 的标示语位置，与核心名词短语 NP 构成关系短语。换言之，关系短语本质上是一个名物化短语。黎语中有一个显性的关系化标记 as，但不甚能产，只有在自由关系从句，特别是形容词谓语关系从句中才比较常用。在黎语前置型关系短语中，指示代词也有兼做名物化标记的用法。这种兼类的名物化标记现象在许多南方方言中也比较常见。对于前置型关系短语，我们同样坚持 NP 移位说，具体说来，名词短语 NP 移至 DP 的标示语位置。

第三节　遗留问题与未来展望

生成语法自创立以来，一直致力于追求人类语言的普遍语法。这种理论追求客观上要求越来越多的语言参与到生成语法理论的构建中来，但是，黎语形式句法学研究至今还是一片空白。本研究首次从形式句法学的角度系统研究黎语名词性短语，挖掘和分析更细致的黎语语言事实，对黎语进行理论上的刻画，一方面推动黎语研究的进一步发展，另一方面丰富和发展了名词性句法理论研究。

　　由于黎汉语言接触等原因，当前熟练使用黎语的年轻人越来越少。本研究所调查的对象涵盖不同年龄段黎族百姓，重点关注 40 岁以上的黎族发音人的语言输出。但是，高龄黎语发音人文化程度较低，无法正确理解调查问题，有个别老人甚至还不识汉字，这给语言田野调查带来一些困难。本研究所获得的第一手语料还不够丰富，例如，对于更为复杂的黎语名词性短语，我们搜集的语料还不够全面。故此，本研究对黎语内涵式和外延式混合名词性短语的句法分析还无法做到更细致、更深入。黎语形容词可以构成重叠式，但是名词、量词却无法重叠使用，对此我们还无法提供理论解释。另外，在调查中我们还发现，相比复杂的名词性短语，黎族老百姓更倾向于用主谓短语来表达。例如，要表达"我的这件新衣服"，发音人更倾向于说"这件新衣服是我的"；对于"在河边的那头牛"，发音人更倾向于说"那头牛在河边"。对此现象，我们目前的了解还不够全面，无法形成成熟的想法。我们期待在将来的研究中对以上问题做进一步的探索。

　　当前黎语逐渐成为一种濒危的语言，因为能流利地说黎语的人口在急剧减少。每一种语言都承载着一种文化，世界上每减少一种语言就是人类文明的一大损失。因此，加大黎语研究的力度乃黎语与黎族文化保护与发展之需。当前海南正在建设国际自由贸易港，海南本土文化的传承和发展是极重要的一环，黎族先人是最早聚居于海南岛的居民和开拓者，经过几千年的繁衍、发展，黎族同胞创作了丰富繁荣的黎族文化，保护和挖掘黎语语言与文化资源具有非常重要的意义。

参考文献

陈嘉映，2006．语言哲学［M］．北京：北京大学出版社．

陈宗利，2007．汉语关系结构生成句法研究［J］．现代外语（4）：331—340．

程工，沈园，2022．形式语言学新发展研究［M］．北京：清华大学出版社．

戴庆厦，朱艳华，2011．20 年来汉藏语系的语言类型学研究［J］．云南民族大学学报（哲学社会科学版）（5）：131—137．

邓思颖，2000．自然语言的词序和短语结构理论［J］．当代语言学（3）：138—154．

邓思颖，2003．汉语方言语法的参数理论［M］．北京：北京大学出版社．

邓思颖，2010．形式汉语句法学［M］．上海：上海教育出版社．

方寅，段业辉，2015．单音节词三叠式的分布、功能及意义［J］．汉语学习（1）：23—29．

冯青，2012．海南黎语与汉语量词的异同［J］．常熟理工学院学报（哲学社会科学）（1）：85—88．

冯青，李清桓，2011．黎语量词研究述评：展望及价值［J］．海南师范大学学报（5）：39—42．

郭艳瑜，2013．现代汉语量词重叠式生成语法研究［D］．北京：北京大学硕士论文．

海南省统计局，海南省第六次人口普查办公室，2012．海南省 2010 年人口普查资料（上册）［M］．北京：中国统计出版社．

贺川生，2021．数词的句法语义界面研究［M］．上海：上海教育出版社．

胡建华，2018．什么是新描写主义？［J］．当代语言学（4）：475—477．

黄伯荣，廖序东，2011（1991）．现代汉语［M］．北京：高等教育出版社．

蒋颖，2009．汉藏语系语言名量词比较研究［M］．北京：民族出版社．

鞠斐，2012．海南黎族族源及入琼时间研究［J］．海南大学学报（人文社会科学版）（4）：1—6．

李金满，2006．周遍性成分的句法身份［J］．东方语言学（00）：92—99．

李京廉，2009．英汉存现句中的定指效应研究［J］．外语教学与研究（2）：99—104．

李枚珍，王琳，2010．海南黎语使用现状与对策［J］．海南大学学报（社会科学版）（4）：20—24．

李先银，2016．自然口语中的话语叠连研究：基于互动交际的视角［J］．语言教学与研究（4）：84—93．

李宇明，1996．论词语重叠的意义［J］．世界汉语教学（1）：10—19．

李云兵，2007．论苗瑶语名词范畴化手段的类型［J］．民族语文（1）：18—30．

梁敏，张均如，1996．侗台语族概论［M］．北京：中国社会科学出版社．刘丹青，2005．汉语关系从句标记类型初探［J］．中国语文（1）：3—15．

刘丹青，2008．汉语名词性短语的句法类型特征［J］．中国语文（1）：3—20．

刘丹青，2009．实词的拟声化重叠及其相关构式［J］．中国语文（1）：22—31，95．

刘丹青，2012．原生重叠和次生重叠：重叠式历时来源的多样性［J］．方言（1）：1—11．

刘丹青，唐正大，2012．名词性短语的类型学研究［M］．北京：商务印书馆．

刘鸿勇，2020．汉藏语名词性结构对比研究［M］．上海：上海教育出版社．

刘鸿勇，张庆文，顾阳，2013．反复体的语义特征及形态句法表现［J］．外语教学与研究（1）：24—35，159．

马春霖，2014．与形容词相关研究［D］．上海：上海师范大学博士论文．

欧阳觉亚，郑贻青，1980．黎语简志［M］．北京：民族出版社．

欧阳觉亚，郑贻青，1983．黎语调查研究［M］．北京：中国社会科学出版社．

邱帅，2015．黎语美孚方言名词性短语研究［D］．广州：广东技术师范学院硕士论文．

沈家煊，1995．"有界"与"无界"［J］．中国语文（5）：367—380．

石定栩，2000．形容词重叠式的句法地位［G］//华中语学论库（第二辑）：汉语重叠问题．武汉：华中师范大学出版社：202—214．

石定栩，2011．名词和名词性成分［M］．北京：北京大学出版社．

隋娜，胡建华，2016．动词重叠的句法［J］．当代语言学（3）：317—338．

田启林，2016．外部领有结构的移位生成研究［M］．北京：中国社会科学出版社．

王均，1985．《黎语调查研究》评介［J］．民族语文（3）：78—80．

王学萍，2004．中国黎族［M］．北京：民族出版社．

温宾利，2001．自然语言中的关系结构［J］．外语教学与研究（4）：276—283．

文明英，马加林，1984．黎语方言数词表示法［J］．中央民族学院学报（3）：96—101．

文明英，文京，2009．黎语长篇话语材料集［M］．北京：中央民族大学出版社．

文珍，邢杰伶，2010．海南省乐东县抱串老村黎语的使用状况调查［J］．湖北经济学院学报（3）：143—144．

吴刚，2006．生成语法研究［M］．上海：上海外语教育出版社．

吴艳，2007．汉语量词和黎语量词对比研究［D］．北京：中央民族大学硕士论文．

谢东莉，2012．海南黎族国内研究综述［J］．湖北民族学院学报（3）：52—57．

熊建国，2008．英汉名词短语最简方案研究［M］．上海：上海交通大学出版社．

熊仲儒，2016．动词重叠的句法分析［J］．世界汉语教学（2）：156—169．

杨玉玲，2013．汉语词语叠连的类型及其功能［J］．汉语学习（6）：26—32．

银题，1993．黎语方言形成原因摭谈［J］．中央民族学院学报（5）：91—92．

苑中树，1994．黎语语法纲要［M］．北京：中央民族大学出版社．

张赪，2012．类型学视野的汉语名量词演变史［M］．北京：北京大学出版社．

张雷，2010．黎语志强话参考语法［D］．天津：南开大学博士论文．

张智恒，2013．从制图理论探索汉语话题与焦点的分布［J］．现代外语（1）：10—17．

赵春利，2012．现代汉语形名组合研究［M］．广州：暨南大学出版社．

赵元任，2010（1968）．汉语口语语法［M］．北京：商务印书馆．

朱德熙，1982．语法讲义［M］．北京：商务印书馆．

邹雨橙，胡素华，2021．名物化研究评述［J］．解放军外国语学院学报（5）：85—93．

Abels K, 2003. *Successive Cyclicity, Anti-Locality, and Adposition Stranding* [D]. PhD dissertation, Storrs: University of Connecticut.

Abney S, 1987. *The English Noun Phrases in its Sentential Aspect* [D]. PhD dissertation, MIT.

Aikhenvald A, 2000. *Classifiers: A Typology of Noun Categorization Devices* [M]. New york: Oxford University Press.

Alexiadou A, Haegeman L, Stavrou M, 1997. *Noun Phrase in the Generative Perspective* [M]. Berlin: Moutonde Gruyter.

Alexiadou A, 2003. Adjective syntax and (the absence of) noun raising in the DP [G]// *Proceedings of the Workshop on Head-movement*.

Amazaki O, 2000. *A Functional Analysis of Numeral Quantifier Constructions in Japanese* [D]. PhD dissertation, State University of New York.

Anderson M, 1979. *Noun Phrase Structures* [D]. PhD dissertation, the University of Connecticut.

Bale A, Barner D, 2009. Interpretation of functional heads: using comparatives to explore mass/count distinction [J]. *Journal of Semantics*, 26: 217-252.

Bernstein J, 1993. *Topics in the Syntax of Nominal Structure Across Romance* [D]. PhD dissertation, City University of New York.

Bernstein J, 1997. Demonstratives and reinforcers in Romance and Germanic languages [J]. *Lingua*, 102: 87-113.

Berwick R, Chomsky N, 2016. *Why Only Us* [M]. Cambridge: The MIT Press.

Bhattacharya T, 1998. DP-internal NP movement [J]. *UCL Working Papers in Linguistics*, 10.

Bianehi V, 1999. *Consequences of Anti-symmetry — Headed Relative Clauses* [M]. Berlin, NewYork: Mouton de Gruyter.

Boeckx C, 2007. *Understanding Minimalist Syntax*. Oxford: Blackwell.

Borer H, 2005. *Structuring Sense Ⅰ: In Name Only* [M]. Oxford: Oxford University Press.

Browning M, 1987. *Null Operator Constructions* [D]. PhD dissertation, MIT.

Butler A, Mathieu E, 2005. Split-DPs, generalized EPP and Visibility [G]// Martha McGinnis and Norvin Richards (eds.). *MIT Working Papers in Linguistics*: 49-57.

Carlson G, 1977a. A unified analysis of the English bare plural [J]. *Linguistics and philosophy*, 1: 413-457.

Carlson G, 1977b. *Reference to Kinds in English* [D]. PhD dissertation, University of Massachusetts at Amherst. Published in 1980 by Garland, New York.

Carlson G, 1989. On the semantic composition of English generic sentences [G]// Chierchia G, Partee B, Turner R (eds.). *Properties, Types and Meaning. Volume 2: Semantic Issues*. Dordrecht: Kluwer: 167-192.

Chan B Hok-Shing, 1999. Classifiers, demonstratives and classifier-to-demonstrative movement [J]. *UCL Working Papers in Linguistics*.

Cheng J (程杰), 2010. *A Syntactic Study of the Derivation of Chinese Denominal Verbs* [M]. Beijing: Science Press (科学出版社).

Cheng L, Sybesma R (郑礼姗, 司马翎), 1998. Yi-wan tang, yi-ge tang: classifiers and massifiers [J]. *Tsing-Hua Journal of Chinese Studies*, New Series 28: 385-412.

Cheng L, Sybesma R, 1999. Bare and not-so-bare nouns and the structure of NP [J]. *Linguistic Inquiry*, 30: 509-542.

Cheng L, Doetjes J and Sybesma R, 2008. How universal is the Universal Grinder? [J]. *Linguistics in Netherlands*, 25: 50-62.

Chierchia G, 1998. Reference to kinds across languages [J]. *Natural Language Semantics*, 6: 339-405.

Chomsky N, 1970. Remarks on nominalization [G]// Roderick A. Jacobs, et al. (eds.). *Readings in English Transformational Grammar*. Waltham, Mass.: Ginn: 184-221.

Chomsky N, 1957. *Syntactic Structures* [M]. The Hague: Mouton.

Chomsky N, 1965. *Aspects of the Theory of Syntax*. Cambridge, Mass.: MIT Press.

Chomsky N, 1975. *The Logical Structure of Linguistic Theory* [M]. New York: Plenum Press.

Chomsky N, 1980. *Rules and Representations* [M]. New York: Columbia University Press.

Chomsky N, 1986. *Knowledge of language*: *Its Nature, Origin and Use* [M]. New York: Praeger.

Chomsky N, 1988. *Language and Problems of Knowledge*: *The Managua Lectures* [M]. Cambridge: MIT Press.

Chomsky N, 1995. *The Minimalist Program* [M]. Mass: MIT Press.

Chomsky N, 2002. *On Nature and Language* [M]. Cambridge: Cambridge University Press.

Chomsky N, 2004. *Generative Enterprise Revisited* [M]. New York: Walter De Gruyter Inc.

Chomsky N, 2005. Three factors in language design [J]. *Linguistic Inquiry*, 36:1-22.

Cinque G, 1995. On the evidence for partial N movement in the Romance DP [G]// *Italian syntax and Universal Grammar*. Cambridge: CUP.

Cinque G, 1999. *Adverbs and Functional Head: A Cross-Linguistic Perspective* [M]. Oxford: Oxford Studies.

Cinque G, 2010. *The Syntax of Adjectives: A Comparative Study* [M]. Cambridge, Mass.: the MIT Press.

Clark E, Clark H, 1979. When nouns surface as verbs [J]. *Language*, 55: 767-811.

Coene M, D'hulst Y, 2003. Introduction: The syntax and semantics of noun phrases [G]// Coene M, D'hulst Y (eds.). *From NP to DP Volume 1: The syntax and semantics of noun phrases*. Amsterdam: John Benjamins Publishing Co: 1-46.

Cohen A, 2007. Between kinds and properties: bare plurals across languages [G]// Friedman T, Gibson M (eds.). *SALT XVII*. Ithaca, NY: Cornell University: 53-70.

Corbett G, 2000. *Numbers* [M]. Cambridge: Cambridge University Press.

Dayal V, 2004. Number marking and (in)definiteness in kind terms [J]. *Linguistics and Philosophy*, 27: 393-450.

Diesing M, 1992. *Indefinites* [M]. Cambridge, Massachusetts: The MIT Press.

Dimitrova-Vulchanova M, Giusti G, 1998. Fragment of Balkan nominal structure [J]. *University of Venus Working Papers in Linguistics*, 8:141-72.

Doetjes J, 1997. *Quantifiers and Selection: On the Distribution of Quantifying Expressions in French, Dutch and English* [D]. PhD dissertation, Leiden University.

Doron E, 2004. Bare singular reference to kinds [G]// To appear in Young R, Zhou Y (eds). *Proceedings of Semantics and Linguistic Theory* 13. Ithaca, NY: CLC Publications: 73-90.

Enç M, 1991. The semantics of specificity [J]. *Linguistic Inquiry*, 22 (1): 1-25.

Fukui N, 1986. A *Theory of Category Projection and Its Applications* [D]. PhD dissertation, MIT.

Gebhardt L, 2009. *Numeral Classifiers and the Structure of DP* [D]. PhD dissertation, Northwestern University.

Ghomeshi J, 2003. Plural marking, indefiniteness, and the noun phrase [J]. *Studia Linguistica*, 57 (2): 47-74.

Gillon B, 1992. Towards a common semantics of English count and mass nouns [J]. *Linguistics & Philosophy*, 15 (6): 597-639.

Giurgea Ion, 2006. Split DP topicalization and the role of interfaces [G]// Yehuda M. Falk (ed.). *Proceedings of Israel Association for Theoretical Linguistics 22, The Hebrew University of Jerusalem*. online at http://linguistics.huji.ac.il/IATL/22/Giurgea.pdf.

Giusti G, 1993. Enclitic articles and double definiteness: A comparative analysis of nominal structure in Romance and Germanic [J]. *University of Venice Working Papers in Linguistics*, 3 (1): 83-94.

Giusti G, 1997. The categorial status of determiner [G]// Haegeman, Liliane (ed.). *The new comparative syntax*. London: Longman: 95-123.

Giusti G, 2002. The Functional structure of noun phrases: A bare phrase structure approach [G]// Cinque, Gugielmo (ed.). *Functional structure in DP and IP: The cartography of syntactic structures*. Oxford: Oxford University Press: 54-90.

Greenberg J, 1972. Numeral classifiers and substantial number: problems in the genesis of a linguistic type [J]. *Working Papers on Language Universals*, 9: 1-39.

Gu Y (顾阳), 2008. From adjective reduplication, atelicity and pluractionality to analyticity [R]. Talk given at Beijing Language and Culture University.

Gulli A, 2003. *Phrasal Reduplication in Syntax* [D]. PhD. dissertation, The City University of New York.

Halle K, Marantz A, 1993. Distributed morphology and the pieces of inflection [G]// Keyser S, Hale K (eds.). *The View from Building 20*. Cambridge: MIT Press: 111-76.

Hauser M D, Chomsky N, Fitch W T, 2002. The faculty of language: what is it, who has it, and how did it evolve? [J]. *Science*, 298: 1569-1579.

Horrocks G, Stavrou M, 1985. Bounding theory and Greek syntax: evidence for Wh movement in NP [J]. *Journal of Linguistics*, 23 (1): 79-108.

Huang C-T James (黄正德), 1982. Logical relations in Chinese and the theory of grammar [D]. PhD dissertation, MIT.

Huang C-T James, 1984. Phrase structure, lexical integrity, and Chinese compounds [J]. *Journal of Chinese Teachers Association*, 19 (2): 53-78.

Huang J (黄正德), Li Y-H (李艳惠), Li Y-F (李亚非), 2009. *The Syntax of Chinese* [M]. New York: Cambridge University Press.

Iljic R, 1994. Quantification in Mandarin Chinese: Two markers of plurality [J]. *Linguistics*, 32: 91-116.

Ionin T, Matushansky O, 2006. The composition of complex cardinals [J]. *Journal of Semantics*, 23: 315-360.

Ishii Y, 2000. Plurality and definiteness in Japanese [D]. Ms., Kanda University of International Studies.

Jackendoff R, 1977. *X-bar Syntax Cambridge* [M]. MA: MIT Press.

Jenkins L, 2000. *Biolinguistics* [M]. Cambridge: Cambridge University Press.

Kayne R, 1994. *The Antisymmetry of Syntax* [M]. Cambridge, MA: MIT Press.

Krifka M, 1995. Common Nouns: a contrastive analysis of English and Chinese [M]// Carlson G, Pelletier J (eds.). *The Generic Book*. Chicago: Chicago University Press: 398-411.

Krifka M, 2004. Bare NPs: kind-referring, indefinites, both, or neither? [R]. To appear In *Proceedings of SALT* 13. New York: CLC Publications, Cornell University.

Kurafuji T, 2004. Plural Morphemes, Definiteness and the Notion of Semantic Parameter [J]. *Language and Linguistics*, 5: 211-242.

Lasnik H, 2003. *Minimalist Investigation in Linguistic Theory* [M]. London: Routledge.

Lehrer A, 1986. English classifier construction [J]. *Lingua*, 68: 109-148.

Li C, Thompson S, 1981. *Mandarin Chinese: A Functional Reference Grammar* [M]. California: University of California Press.

Li X-P (李旭平), 2011. *On the Semantics of Classifiers in Chinese* [D]. PhD dissertation, Bar-Ilan University.

Li Y-H A (李艳惠), 1998. Argument determiner phrases and number phrases [J]. *Linguistic Inquiry*, 29: 693-702.

Li Y-H A, 1999. Plurality in a classifier language [J]. *Journal of East Asian Linguistic*, 8: 75-99.

Liao R (廖伟闻), Wang I (王显匀), 2011. Multiple-classifier constructions and nominal expressions in Chinese [J]. *Journal of East Asian Linguistic*, 20: 145-169.

Link G, 1983. The logical analysis of plurals and mass terms: a lattice–theoretical approach [G]// Baüerle R, Schwarze C, von Stechow A (eds.). *Meaning, Use and Interpretation of Language*. Berlin: Walter de Gruyter: 302-23.

Longobardi G, 1994. Reference and proper names: A theory of N-movement in syntax and Logical Form [J]. *Linguistic Inquiry*, 25: 609-666.

Lyons C, 1999. *Definiteness* [M]. Cambridge: Cambridge University Press.

Marantz A, 1997. No escape from syntax: don't try morphological analysis in the privacy of your own lexicon [J]. *University of Pennsylvania Working Papers in Linguistics*, 4: 201-25.

Mathieu E, 2009. On the mass/count distinction in Ojibwe [D]. Ms., University of Ottawa.

Mathieu E, 2012. On the mass/count distinction in Ojibwe [G]// Massam D (ed.). *Count and Mass across Languages*. Oxford University Press: 172-98.

McNally L, 2004. Bare plurals in Spanish are interpreted as properties [J]. *Catalan Journal of Linguistics*, 3: 115-133.

Milsark G, 1974. *Existential Sentences in English* [D]. PhD Dissertation, Cambridge, Massachusetts: MIT.

Muromatsu K, 2003. Classifiers and count/mass distinction [G]// Li Y-H A, Simpson A (eds.). *Functional structure(s), Form and Interpretation: Perspective from East Asian Languages*. London: Routledge Curzon: 65-96.

Nakanishi K, Tomioka S, 2004. Japanese plurals are exceptional [J]. *Journal of East Asian Linguistics*, 13: 113-140.

Pelletier J, 1975. Non-singular reference: some preliminaries [J]. *Philosophia* 5(4): 451-465.

Pollock J-Y, 1989. Verb movement, Universal Grammar, and the structure of IP [J]. *Linguistic Inquiry*, 20: 365-424.

Radford A, 1997. *Syntax: A Minimalist Introduction* [M]. Cambridge: CUP.

Ritter E, 1991. Two functional categories in noun phrases: evidence from modern Hebrew [G]// Rothstein S (ed.). *Syntax and Semantics* 25: *Perspectives on Phrase Structure*. New York: Academic Press: 37-62.

Ritter E, 1995. On the Syntactic Category of Pronouns and Agreement [J]. *Natural Language and Linguistic Theory*, 13: 405-443.

Rizzi L, 1997. The fine structure of the left periphery [G]// Haegeman L (ed.).

Elements of Grammar: A Handbook of Generative Syntax. Dordrecht: Kluwer: 281-337.

Rothstein S, 2010. Counting and the Mass/Count Distinction [J]. *Journal of Semantics*, 27: 343-397.

Rullmann H, You A, 2006. General number and the semantics and pragmatics of indefinite bare nouns in Mandarin Chinese [G]// von Heusinger K, Turner K (eds.). *Where Semantics Meets Pragmatics*. Amsterdam: Elsevier: 175-196.

Safir K, 1982. *Syntactic Chains and the Definiteness Effect* [D]. PhD dissertation, Cambridge, Massachusetts: MIT.

Safir K, 1986. Relative clauses in a theory of binding and levels [J]. *Linguistic Inquiry*, 17: 663-689.

Sauerland U, 2003. New semantics for number [G]// Young R, Zhou Y (eds.). *SALT XIII*. Ithaca, NY: Cornell University: 258-275.

Scott G-J, 2002. Stacked adjectival modification and the structure of nominal phrases [G]// Cinque G (ed.). *Functional structure in DP and IP: The cartography of syntactic structures*. Oxford: OUP: 91-122.

Shyu Shu-Ing, 1995. *The Syntax of focus and topic in Mandarin Chinese* [D]. PhD dissertation, University of Southern California.

Simpson A, 2003. On the status of modifying de and the structure of the Chinese DP [G]// Sze-Wing Tang, Chen-Sheng Luther Liu (eds.). *On the formal way to Chinese languages*. Serra Mall: CSLI: 74-101.

Simpson A, 2005. Classifiers and DP structure in Southeast Asia [G]// Cinque G, Kayne R (eds.). *The Oxford Handbook of Comparative Syntax*. New York: Oxford University Press: 806-838.

Sio J, 2006. *Modification and Reference in the Chinese Nominal* [D]. PhD dissertation, Leiden: Leiden University.

Stavrou M, 2003. Semi-lexical nouns, classifiers, and the interpretation(s) of the pseudopartitive construction [G]// Coene M, D'hulst Y (eds.). *From NP to DP. Vol.I: The Syntax and Semantics of Noun Phrase*. Amsterdam/ Philadelphia: John Benjamins Publishing House: 329-353.

Szabolcsi A, 1983. The possessor that ran away from home [J]. *The Linguistic*

Review, 3: 89-102.

Szabolcsi A, 1992. The noun phrase. Appeared in 1994 in *The syntactic structure of Hungarian*. By Kiefer and Kiss.

Tang C-C (汤志真), 1990. *Chinese Phrase Structure and the Extended X′-theory* [D]. PhD dissertation, Cornell University, Ithaca, N.Y.

Tang C-C, 2005. Nouns or classifiers: a non-movement analysis of classifiers in Chinese [J]. *Language and Linguistics*, 6: 431-472.

Tang Sze-Win (邓思颖), 1998. *Parametrization of features in syntax* [D]. PhD dissertation, University of California, Irvine.

Tang Sze-wing, 2015. A generalized syntactic schema for utterance particles in Chinese [J]. *Lingua Sinica*, 1: 3.

Travis L, 1984. *Parameters and Effects of Word Order Variation* [D]. PhD dissertation, MIT.

Vries M, 2002. The Syntax of Relativization [J]. LOT Dissertation Series. LOT.

Wu G (吴刚), 2010. A study of referential nominal phrases: GP, QP and DP. Paper presented at GLOW in Asia Ⅷ, Beijing, China.

Wu Y (吴义诚), Bodomo A, 2009. Classifiers ≠ determiners [J]. *Linguistic Inquiry*, 40: 487-503.

Yang Shu-Fen, 2005. *Plurality and Modification in Mandarin Nominal Phrases* [D]. PhD dissertation, The University of Texas at Austin.

Zhang N (张宁), 2011. The constituency of classifier constructions in Mandarin Chinese [J]. *Taiwan Journal of Linguistics*, 9 (1): 1-50.

Zhang Qingwen (张庆文), Tang Sze-wing (邓思颖), 2013. A Cross Dialectal Study of Classifier Reduplication. Paper presented at Workshop on the Grammar of Measurement in Chinese. Taipei: Taiwan Normal University, June 6.

Zweig E, 2008. *Dependent Plurals and Plural Meaning* [D]. PhD dissertation, New York University.

后 记

现有的黎语研究文献只限于对黎语语法概貌进行一般性描写或介绍，缺乏深入、细致的语法分析。迄今为止，还未有学者从形式语言学的角度研究黎语。在此背景下，本书是一次新的尝试，旨在抛砖引玉，吸引更多学者关注黎语研究。

语言田野调查为本书提供宝贵的第一手黎语语料，在这一过程中我得到许多黎族朋友的支持和帮助，特别要感谢的人有王丽英女士、吉妹女士、陈冰冰女士、刘国昌先生、韦健壮先生。拙作的出版得到海南师范大学外国语学院部分资助，中国出版集团世界图书出版广东有限公司使之得以出版，在此一并致谢！

鉴于作者学识和能力有限，拙作对一些问题的探讨还不甚成熟和完善，也难免存在纰漏之处，恳请各位专家、学者批评指正。

蔡激浪

2024 年 8 月 22 日于海口